덕질로
인생
역전

덕질로 인생역전

유쾌한 밥줄을 찾는 열두 가지 방법

대학내일20대연구소
기획·엮음

빙글
공동 기획

중앙 books
JoongAng Ilbo

〈덕업일치 프로젝트〉를 시작합니다

바야흐로 '덕후'의 시대! 오늘날 덕후는, 방 속에 틀어박혀 혼자 몰두하고 즐기는 은둔자 이미지를 벗고 실력과 개성을 갖춘 매력적 인간형으로 그 존재감을 인정받기 시작했다.

그러나 여전히 덕후의 영향력은 취미의 영역 안에 갇혀 있다. 제아무리 뛰어난 덕력 신공을 가진 자도 "그게 밥 먹여 주냐?"라는 한 마디에 고개를 떨어뜨린 채 남들이 말하는 '밥벌이'를 찾아 나선다.

이 땅에서 '다양한 선택의 기회'가 메말라 간다. 좋아하는 일을 하며 살겠다는 것은 '철없는 꿈'에 불과하다. 개성과 다양성이 역사상 가장 보장된 시대임에도 불구하고 "하고 싶은 일을 하며 살고 있습니까?"라는 질문 앞에 "그렇다"라고 대답하지 못하는 사회, 우리는 여전히 생애 선택자유 후진국에 살고 있다.

〈덕업일치 프로젝트〉는 여기서부터 출발했다.

덕.업.일.치.
덕질(좋아하는 일)과 본업(밥벌이)이 일치하는 삶을 살기란, 그토록 어려운 걸까? 우리는 정말 하고 싶은 일을 하며 살 수 없는 걸까?
어딘가에 그 '철없는 꿈'을 포기하지 않고 덕업일치를 이뤄낸 사람들이 있을 것 같았다. 남들과는 조금 다른 길을 간다는 이유만으로 '미운오리새끼' 취급을 받아야 했던, 그러나 자신만의 날갯짓을 멈추지 않은 이들, 마침내 판타지인 줄 알았던 유쾌한 밥줄 앞에 한 발짝 다가선 이들 말이다.

그리하여 우리는 지난해 9월, 〈덕업일치 스토리 공모전: 미운오리, 하늘을 날다〉를 열었고, 그로부터 열두 명의 덕업일치 덕후들을 찾았다.

두 달간의 인터뷰 끝에 얻어낸 열두 명의 덕업일치 비법노트를 여기 공개한다. 철없는 꿈이 현실이 되기까지, 그들이 겪은 희로애락의 경험담과 그로부터 나온 솔직한 조언들이 진로로 고민하는 청춘, 권태로운 밥벌이에 지친 기성세대에게 작은 영감이나마 줄 수 있기를 희망한다.

20대를 연구하는 것을 본업으로 삼은 뒤, 계속해서 마음에 걸렸던 아이러니
가 하나 있다. 모두가 상위권 대학, 유명 대기업을 원하는 듯하면서도 모두에
게 가장 큰 희열을 가져다주는 것은 각자 리듬에 맞는 무언가에 집중하고 그
로부터 인정받는 순간이라는 사실이다.

누구도 못 말리는 '내 덕질'과 생계를 책임지는 '내 직업'을 일치시켜 유
쾌하게 먹고사는 덕후들이 많아질수록 1) 실업난 해소, 2) 자존감 제고, 3) 국
민행복수준 향상, 4) 국가경쟁력 강화, 5) 글로벌 선진국으로의 도약, 이 모든
게 가능해질 것임을 믿어 의심치 않는다.

아울러 대학내일20대연구소는 '덕업일치 전성시대'가 하루빨리 다가올
수 있도록 막강한 덕후들을 찾고 열렬히 알리는 일을, 우리의 덕질로, 우리의
사명으로 삼을 것이다.

대학내일20대연구소장 박진수

○ 두 번째
프롤로그

빙글(vingle.net)은 세상 모든 사람이 저마다 좋아하는 것 하나쯤은 가지고 살 수 있었으면, 그래서 조금 더 행복해질 수 있었으면 하는 바람에서 만들어진 관심사 SNS입니다.

빙글러들은 빙글을 '덕질의 장'이라고도 부릅니다. 덕질은 나를 이해하고, 내가 행복해지는 방법을 찾아가는 데 매우 중요합니다. 좋아하는 일에 마음껏 몰입해 보아야 나를 열광케 하는 본질을 구체화할 수 있기 때문입니다.

2015년 9월, 빙글과 대학내일20대연구소는 〈덕업일치 스토리 공모전〉을 열었습니다. 보다 많은 분들이 좋아하는 것을 하면서 살아갈 수 있는 창의적인 방법을 찾는 데에 영감이 되기를 기대하며 이 사례들을 소개합니다. 이 책이 내가 무엇을 좋아하는지 치열하게 고민하고, 좋아하는 것을 마음껏 좋아하고, 나아가 그것을 생산적으로 즐길 수 있는 방법을 찾는 지침서가 되기를 바랍니다. 독자 한 분 한 분의 '진정한 나를 찾는 덕질'과 '지속 가능한 덕질'을 응원합니다.

빙글 CEO/Founder 문지원

Contents

Case 01

강 효 진

현재 직업   연예매체 '뉴스에이드' 취재 기자
덕질 분야   드라마, 배우, 가수
빙글 계정   www.vingle.net/bestest00

"내 유일한 스펙은
'덕질'이었다"

"남들은 '회사 가기 싫다!'고
울부짖지만, 나는 출근하는 게
싫었던 적이 한 번도 없다.
매일매일 재미있으니까!"

o

스펙은 비루하지만
좋아하는 배우와 드라마 덕질만큼은
누구보다 치열하게 했다.
기억에 남는 팬을 물으면
세 손가락 안에 꼽힐 정도였다.
그런 내가 기자가 되어 나타나자
배우와 소속사 관계자는 소스라치게 놀랐다.
명함을 주니 90도로 인사까지 하며 너스레를 떨었다.
'좋아하는 일을 하면서 바쁘게 살자'는
목표가 이뤄진 뒤 이제는 특별한 꿈이나 미련이 없다.
그저 '내 인생에 좀 더 시트콤처럼
재밌는 일이 많이 생기길' 바랄 뿐이다.

o

덕업일치 연보

2008년 3월	대학 입학과 동시에 국내 드라마 덕질 시작
2009년 9월	가장 깊이 빠졌던 한 드라마의 1주년 영상회 기획
2010년 6월	또 다른 드라마 마지막회 단체관람 행사 진행
2011년 7월	모 배우 팬미팅 기획 및 진행
2012년 5월	모 가수 전국투어 쫓아다니며 관람
2012년 5월	도서관 오가며 취업 준비에 매진
2012년 11월	첫 직장에 기적적으로 취업. 좋아하던 배우를 기자 신분으로 재회
2014년 6월	좋아하던 가수를 기자로 만나 인터뷰
2015년 7월	첫 직장 퇴사 후 뉴스에이드 입사
2016년 1월	전자책 『케이팝, 아이돌 그리고 홈마』 발간

연예인이 밥
먹여주는 직업

점심시간, 어제 본 드라마 얘기를 했더니 옆자리 선배가 대뜸 화를 낸다. "야, 밥 먹는데 일 얘기 좀 하지 말자!" 요즘 대세인 드라마, 최근 재미있게 본 영화, 아이돌 멤버끼리의 핑크빛 가십……. 전부 또 하나의 일거리다. 누구와 누가 사귄다는 소문이 돌면 일반 사무실에서는 "진짜 사귄대?" 하고 재미있어하지만 우리에게는 지령이 떨어진다. "전화해서 물어봐, 공식 입장 언제 나온대!?"

연예부 기자? 연예인이랑 친하게 지내고 연락도 주고받고 매일 매일 얼굴 보는 그런 직업인 줄 알았다. 지금 나에게 연예인은, 그냥 살아서 걸어 다니는 예쁜 일거리다. 물론 기자가 되면 언젠가 한 번쯤 그토록 좋아하던 '내 가수', '내 배우'를 만나게 된다. 하지만 심장이 터질 것 같은 그 순간 앞에는 한 가지 전제가 붙는다. '비즈니스 대 비즈니스 관계'라는 것. 그들은 기사 한 줄로 연예인을 들었다 놨다 하는 우리를 일면 두려워한다. 분명 원했던 모양새는 아니다. 그래서 팬들이 연예부 기자가 되고 싶다고 하면 이렇게 말한다. "TV로만 좋아하세요. 그때가 가장 아름답고 멋있습니다."

대학 입학 후, 드라마와 연예인에 빠져 학업을 포기하다시피 했을 때 친구들이 내 걱정을 참 많이 했다. "우리 베짱이 어떡하지, 이래 가지고 먹고살겠니." 그런데 나, 잘 먹고 잘 살고 있다. 그것도 연예인이 밥 먹여주는 직업으로.

마음에는 드는데
확신이 안 생겨

상위 1% 빠순이임을 자부하던 시절에는 압구정 CGV 대관해서 드라마 영상회 개최도 하고, 팬 대표로 소속사랑 팬미팅도 기획했었다. 팬 커뮤니티에선 NPC●라 불렸고, 룸메이트도 날 되게 이상하게 봤다. 쟤는 도대체 뭔데 잠도 안 자고 하루에 스무 시간씩 맨날 저러고 있냐고.

그래도 어딘가 한 군데, 내 자리 하나쯤은 있을 줄 알았다. 기획사 홍보 팀에 들어가든, 매니저를 하든 설마 굶어 죽기야 하겠어? 현실은 혹독했다. 졸업하고 1년을 백수로 보냈다. '서류 광탈 100군데는 기본 스펙'이라는 말이 딱 내 얘기였다. 하다못해 막내 스태프 알바 자리조차도 나를 부르는 곳이 없었다. 프로듀서가 꿈이긴 했지만 내 스펙으로 언론고시는 어림도 없었다.

죽지 못해서 살았다. 죽기는 무섭고 살기도 싫은데 또 뭘 어떻게 할 수도 없으니까 숨만 겨우 쉬면서 지냈다. 그래도 취업 준비는 해야 하니까 도서관 왔다 갔다 하면서 방송 관련 직군엔 닥치는 대로 지원서를 넣었다. 한 연예 매체에서 면접을 보고 싶다고 연락이 왔다. 면접 끝에는 이런 말이 덧붙었다. "마음에 들긴 하는데, 확신이 안 드네요. 글 한 편 더 써올 수 있어요?"

다음 날, 내가 써낸 글은 그대로 기사가 되었다. 포털사이트 메인에도 올랐다. 결과는 합격. 유일하게 면접을 봤던 그곳에서 3개월 인턴 과정을 거쳐 정직원이 되었다.

● Non Player Character. 게임에서 한 자리에 항상 머물면서 게임의 원활한 진행을 돕는 도우미 캐릭터. 여기서는 언제 접속해도 항상 로그인해 있는 존재라는 의미.

한 번 좋아했다 하면
무조건 탑시드

내가 덕질 했던 연예인이 기억에 남는 팬 세 명 중 한 명으로 나를 뽑았던 적이 있다. 이렇게 극성맞게 활동해서 연예인이 알아주는 팬을 팬덤 안에서는 '탑시드'라고 부른다. 나는 덕질을 참 열심히, 잘했다.

패러디물을 만들면 온라인 커뮤니티에 퍼지다가 검색어 붙어서 포털에 기사로 뜨기도 하고, 가끔은 방송도 탔다. 활동했던 온라인 커뮤니티에 그동안 쓴 글을 확인했더니 자그마치 몇 만 개였다. 기본적으로 글을 길게 쓰는 편인데, 가끔 이런 평을 들었다. "글 더럽게 기네, 근데 잘 읽혀."

토익 점수 없음, 자격증 없음, 해외어학연수 경험 없음, 봉사활동 없음, 인턴십 경력 없음, 공모전 수상경력 없음. 대학 때 한 거라곤 드라마 덕질, 배우 덕질, 가수 덕질밖에 없었으니 취업 시장에서 내세울 수 있는 소위 '스펙'이란 건 단 하나도 없었다. 그나마 내가 어필할 수 있는 것을 쥐어짜내 보니 '글쓰기'가 남았다. 기자가 되고 싶었다기보다, 그나마 잘할 수 있는 것이 방송 관련한 글을 쓰는 일이었던 거다.

되고 보니 적성에 잘 맞았다. 내가 쓴 기사가 포털 메인에 올라가고, 수백 명 수 천 명이 기사를 읽고 댓글을 달면 벅차고 보람찼다. 무려 나를 뽑아줬다는 황송함 때문에 물불 안 가린 것도 조금은 있지만. 하하. 신입치고 초반부터 성과가 잘 나왔던 것 역시 한 몫 했다. 내 기사가 화제가 되고 검색어에 자주 오르다 보니 회사에서도 인정을 받았다. 이만하면 아무짝에 쓸모없는 취급 받던 내 덕질의 덕을 조금이나마 본 것 아닐까.

"표절 논란 ○○○ 작품 즐겨 읽던 ×××, 비키니 사진 눈길"

소설 「열정 같은 소리 하고 있네」를 보면, 주인공이 다니는 언론사의 연말 직원 행사에서 '올해의 트래픽 상'을 시상하는 장면이 나온다. 요즘 미디어 시장의 현실을 정말 적나라하게 보여주는 장면이다. 언제부턴가 트래픽을 올리기 위해 기계적으로 기사를 써내게 됐다. 예를 들어, 60분짜리 드라마 한 편을 실시간으로 보며 10분 단위로 6개의 기사를 내보낸다. 대사 치고, 상황 묘사하고, 사진 편집하고, 설명하고, 업로드 하는 과정이 10분 안에 모두 이뤄져야 하는 거다.

아무리 공을 들여 좋은 기사를 써봤자 속보성 기사나 실시간 검색어를 물고 쓰는 기사들에 묻혀 버린다. 예를 들어 '○○○ 소설가 표절'이란 검색어가 화제라면, "표절 논란 ○○○ 작품 즐겨 읽던 ×××, 비키니 사진 눈길" 이런 기사가 다른 기사들을 모두 묻어 버리는 거다.

염증을 느끼기 시작할 무렵, 지금의 회사에서 제의가 들어왔다. 편집장님을 만나 봤더니, 주5일 근무에, 트래픽용 기사 안 써도 된다고! 기존 매체 환경과 전혀 다른 스타일의 재밌는 기사를 써보자고 했다. 단점이라면 새로 시작하는 매체라 스타트업이나 다름없다는 사실이었다. 하다가 망할 수도 있겠다는 생각이 잠깐 들었는데, 뭐 아직 20대인데, 1년 하다 망해도 여전히 20대인데 어떤가 싶었다. 떨어지는 블록들을 속도전으로 쳐내야 하는 테트리스 같은 게임 환경에서 주체적으로 판을 이끌어 갈 수 있는 부루마블 같은 세계로 들어온 거다.

취미와 직업의
결정적 차이

기자가 된 후로 예전만큼 드라마가 재밌지 않다. 10분 단위로 기사를 써야 하던 시절, 드라마 보는 것은 스트레스 그 자체였다. 사람들이 낄낄대며 예능프로그램을 즐길 때, 나는 웃긴 말이 터지면 "아! 저게 야마•다!" 하고 외치며 제목을 뽑아내곤 한다.

내가 쓰고 싶은 글을 쓸 수 있는 것도 아니다. 내가 재미를 위해 글을 쓸 땐, 비속어, 줄임말, 논리적 비약 뭐든지 가능했다. 지금은 여러 상황을 고려하면서 써야 한다. 아이템을 선택할 때도 다양한 관계자들의 입장을 생각해야 하고, 수위 조절에 대한 고민도 해야 한다. 주관적 견해로는 이번 드라마가 되게 맘에 안 드는데, 기자로서 좋은 점을 써줘야 하는 일도 생긴다. 그런 틀을 다 지키면서도 재미있는 콘텐츠를 만들어 내야 하니 어렵다.

책임감도 따른다. 내가 취재를 나가면 현장에서 나는 강효진이란 개인이 아니라 회사를 대표하는 사람이다. 나를 위해 시간을 내준 사람들을 위해서 좋은 결과물을 내야 한다. 돈 받고 일 하는 거니까 회사에도 만족스런 결과물을 줘야 한다. 많은 사람이 시간과 노력과 돈을 투자했는데, 하찮은 것을 만들어낼 순 없다. 이건 나의 책임감일 수도 있지만 이 일과 얽힌 많은 이들이 내게 요구하는 역할이기도 하다.

• 언론계에서 많이 쓰는 일종의 은어로 '주제', '글의 꼭지' 같은 뜻으로 쓰임

그럼에도 불구하고
좋아하는 일을 한다는 것

남들 놀 때 일하는 게 이 업계의 특징이다. 쉬는 날, 방송에서는 더 재미있는 걸 한다. 시간에 늘 쫓기며 빨리빨리 트렌드 파악해서 따라가야 하고, 새로운 걸 만들어내야 한다. 한때 너무 사랑했던 취미를 더 이상 취미로 즐길 수도 없다. 그럼에도 만약 취미를 잃고 지금의 직업을 갖는 것과, 취미를 그대로 가져가되 다른 직업을 갖게 되는 선택지가 다시 내게 주어진다면, 그때도 다른 직업을 선택하지 않을 거다.

덕업일치는 어쩌면 판타지다. 누구나 할 수 있는 거라고 쉽게 말할 수 없다. 내 능력 덕분에 가능했던 것도 아니다. 좋아하는 일을 하면서 돈을 벌 수 있는 건, 그 사실 하나만으로도 엄청나다. 하고 싶은 일과 할 수 있는 일, 그리고 적당한 운이 맞아떨어져 행복한 사람들이 더 많이 생기길 바라본다.

episode

—

'될놈될 안될안'일지라도 발버둥 친 증거는 남겨야 한다

백수 생활을 할 때는 매일 도서관으로 출근했다. 집에 있을 수 없어서 취업 준
비한답시고 간 거였다. 하도 서류에서 떨어지니까, 답답한 마음에 사주 책을 보
기 시작했다. 역학 코너에 꽂혀 있는 책을 거의 다 봤다. 친구들 사주도 봐주고
내 사주도 보면서 '도대체 나는 왜 안 되는 걸까' 분석해보기도 했다. 거기 있는
책을 다 보고 나서 얻은 결론은 시쳇말로 '노답'이었다. '사주가 좋든 나쁘든 열
심히 살아야 되네.' 이러고 다시 열심히 지원서를 쓰기 시작했다.

나는 운명론자다. 어차피 될 일은 되고 안 될 일은 안 된다고 생각하는 쪽이다.
하지만 그게 아무것도 안 해도 된다는 뜻은 아니다. 할 수 있는 노력은 해야 하
고, 운이 왔을 때 잡을 자격 정도는 있어야 한다. 내가 드라마를 그냥 보기만 했
다면 아무것도 안 됐을 거다. 글을 쓰고 여러 활동을 하면서 뭔가를 만들고 남
겼으니까 덕질의 증거가 힘을 발휘했던 것 아닐까.

좋아했던 그를 다시 마주한 날

좋아하는 배우의 팬미팅 MC를 본 적이 있다. 이를 계기로 나중에 기자가 되
고도 또 한 번 MC를 보게 됐다. 다시 만났을 때 기자 명함을 주며 "저 이렇게
됐어요" 했더니 갑자기 90도로 인사를 했다. 어제까지는 분명 팬이었는데, 오
늘부터 '기자님'이 된 거다. 나도 덩달아 90도로 인사를 한 뒤 서로 낄낄 웃음
을 터뜨렸다. 팬도 아니고 기자도 아니고, 애매한 우리 관계, 이제 어떡하나요.
좋아했던 가수와 인터뷰를 하게 됐을 때도 그랬다. 소속사 대표님이 예전엔 팬
대표로 만났는데, 기자가 된 날 보니 기분이 이상하다고 하셨다. 가수가 나를 기
억하고 알아봐주는 순간 팬심은 다시 발동했다. 당장 업무용 노트북에 크게 사
인을 받은 뒤 꽤 오랫동안 들고 다녔다.

강효진의 **TIP**

센스가 필요해
-

이 업계에 종사하려면 어느 정도 센스가 필요하다. 센스가 뭐냐고 묻는다면, '공감 포인트를 잡아내는 감각'이라고 해야 할까. 대중을 끌어당길 수 있는 콘텐츠를 만드는 감각, 같은 말도 좀 더 매력적으로 표현할 줄 아는 능력. 이를테면 같은 드라마를 봐도 수백 개의 매체에서 수천 개의 기사가 쏟아지는데 메인에 꽂히는 건 단 하나다. 메인에 꽂힐 만한 문구를 쓸 수 있는 감각이 있어야 한다.

또한 기자는 기본적으로 수많은 사람을 만나고 상대해야 하는 직업이다. 스태프나 연예인과의 관계를 맺는 데 있어 미묘한 말투 차이 하나에 따라 결과가 크게 달라질 수 있다. 즉, 사람과 사람 사이에 소통을 잘 하는 데에도 공감 능력, 센스가 필요하단 얘기다.

덕력 있다고
만사 오케이는 아냐
-

빠순이, 빠돌이가 오히려 이 업에 불리할 수도 있다. 일에 개인의 주관이 강하게 개입될 수 있기 때문이다. 기본적으로 일은 일이다. 개인이 아닌 회사 타이틀을 걸고 공적인 업무를 수행하는 것이기 때문에 어느 정도 객관성을 유지해야 한다. 이 분야에 대한 애정이 있다는 건 분명 장점이 되겠지만 애정이 너무 많아도 걸림돌이 될 수 있는 거다.

덕질의 경력과 팬심을 내세우기보다는, 업무에 적합한 능력과 감각을 갖추고 있음을 강조하는 게 좋다. "내가 왜 너를 가져다 써야 돼?"라는 질문에 답할 수 있을 만한 경쟁력이 있어야 한다는 뜻이다. 덕후라는 사실보다는 덕질의 결과물을 구체적으로 제시한다든지, 어떤 종류의 글을 잘 쓰고, 어떤 감각을 갖고 있는지를 어필하자.

강효진이 말하는
'연예부 기자'

–

정치·사회·경제·스포츠·라이프와 마찬가지로 연예라는 분야 전반에 관련된 뉴스를 쓰는 직업. 흔히 보는 드라마, 예능 프로그램의 줄거리 토막 기사, 리뷰 기사, 온갖 종류의 속보성 기사, 칼럼형 기획 기사 등등을 모두 쓴다. 고로 '이딴 것도 기사냐'와 '간만에 보는 개념 기사'라는 댓글이 달리는 기사를 쓴 사람이 동일인물일 수 있다.

연예부 기자가 되고 싶다면 우선 왜 하고 싶은지부터 확실히 하는 게 인생 낭비와 훗날의 후회를 막을 수 있을 것 같다. 환상을 갖고 들어온 많은 인턴들의 업계 정착 비율이 아주 낮은 걸 보면 대다수는 상상과 다른 현실을 느낀 것 같다.

연예인과 친분을 쌓고 방송에 나가 인터뷰를 하고 대단한 특종으로 세상을 들썩이게 만드는 그림을 꿈꿨다면, 포털사이트 검색어를 쫓아 의미 없는 어뷰징 기사를 쓰거나 온갖 소속사에서 보낸 보도자료를 고쳐 내보내는 업무가 대부분이라는 현실에 좌절할 수도 있다. 드라마처럼 멋진 그림이 없는 일은 아니지만 흔한 일도 아니다.

요새는 매체가 너무 많아져서 인터뷰라고 해도 대부분이 라운드로 통칭되는 공동 인터뷰다. 모두가 보는 자리에서 질의응답이 가능하다는 것을 제외하면 보도자료를 해당 연예인이 직접 읽어주는 것과 크게 다를 바 없다. 그밖에 다이나믹한 연예부 기자의 지극히 현실적인 일상은 「열정 같은 소리 하고 있네」라는 소설에 적나라하게 나와 있으니 관심이 있다면 읽어볼 것을 권한다.

www.vingle.net/bestest00

www.instagram.com/bestest_00

Case 02

신 민 섭

현재 직업	프렌치펍 '루블랑' 오너 셰프
덕질 분야	요리
빙글 계정	www.vingle.net/loupblanc

"취미에
직장경험을 더했더니
'오너 셰프' 탄생"

"하루아침에 스타 셰프? 그런 일은 없다.
하다 보면 점점 더 재밌어야 한다.
오래오래 즐거울 수 있는 방법을
찾아야 유지할 수 있다."

○

새롭게 시작하는 건 용기만 있으면 가능하다.
단, 하다 보면 점점 더 재미있어야 한다.
처음에는 뭐든지 재밌다.
하고 싶어서 뛰어든 일이니까.
하지만 기껏 찾은 재밌는 밥줄이
지속 가능하려면 자신에게 어울리는 방식으로
돌아가도록 판을 짜는 것도 필요하다.
당장에 뭔가 이뤄내는 것보다는
오래오래 즐겁게 살자고 시작한 일 아니었던가.
나뿐만 아니라 모든 스태프들이 재밌게 일하는
공간을 만들고 싶다.

○

덕업일치 연보

2006년 3월	처음으로 단독 주방이 있는 자취방을 얻음. 본격 자취 요리의 시작
2008년 1월	K사 마케팅 부서에 입사. 경제력 획득으로 요리 덕질의 수준이 점점 높아짐
2012년 1월	요리를 전문적으로 배우고 싶다는 욕구 발생. 여러 요리 아카데미를 전전하다 고심 끝에 르꼬르동블루 서울캠퍼스에 입학
2013년 6월	회사와 멀어지는 계기가 생겼고, 나만의 레스토랑 창업을 위한 준비를 시작함
2013년 10월	사직서를 냄과 동시에 '루블랑' 오픈 준비에 박차
2014년 3월	르꼬르동블루 서울캠퍼스 요리 디플로마 수료. '루블랑'을 오픈하고 현재까지 운영 중

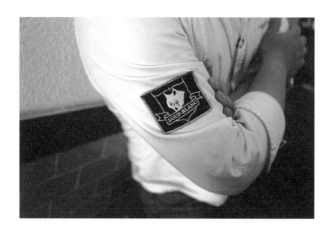

직장인의 중2병,
회사와의 이별 준비

경영학을 전공했고, 대기업 홍보 마케팅부에 7년간 몸담았다. 시간이 흐를수록 직장에서의 나는 좀 별로였다. 내가 직접 하지 않아도 되는 일들이 점점 늘어났고, 남의 아이디어를 뽑아다가 적당히 칼질해서 쓰는 일이 나의 업무였다. 스스로 지키고 있던 마지노선 앞에서도 안 할 수 있으면 안 하려고 하는 나 자신에게 실망하고 말았다. 그래도 나름 커리어패스를 만들어 가고 있었는데, 어느 날 그마저도 강제로 부정당하는 사건이 일어났다. 실적으로 압박 받던 경영진의 단기적인 대처로 본사 인력 수백 명을 지역 영업팀으로 강제 발령 낸, 이른바 '추노 사태'가 벌어졌다. 나 또한 이 사태로부터 자유로울 수 없었다.

어릴 때 농담처럼 자주 하던 말이 있다. "내가 낸데●!!!" '내가 자존심이 있지' 뭐 이런 뜻의 허세 섞인 표현이다. 그러니까, 내가 낸데! 이렇게 살 수는 없었다. 회의감에 휩싸여 있던 나로부터 스스로 멀어져준 회사를 생각하면 심란했지만 머릿속을 스치는 것이 있었다. 한편으로 두근거리고, 그러나 두렵고, 또다시 생각하면 너무너무 하고 싶었다.

그것은 '요리'였다.

● '내가 난데'의 경상도 사투리

따뜻한 스프 한 그릇
대접할 줄 아는 삶을 살겠어

자취방에서 친구 녀석들에게 너구리 파스타를 만들어주던 때부터였을까? 아님 갑질에 지쳐 찾아온 회사 동료에게 치킨 스튜를 만들어주던 때부터였을까? 어디선가 슬금슬금 '이런 거 하면서 살면 행복하겠다'는 욕구가 올라오기 시작했다. 분명 처음부터 요리로 먹고살 생각은 없었다. 그간 모았던 돈을 다 털어서 세계 3대 요리학교 중 하나인 '르꼬르동블루' 서울캠퍼스에 등록할 때까지만 해도 말이다. 단지 '제대로 요리를 배우고 싶다'는 갈망에 등록한 어설픈 요리학원에서, 첫 수업부터 내놓은 가짜 화이트빈 소스와 가짜 등심 스테이크 재료에 오기가 났을 뿐이었다.

요리는 기본적으로 '나눔'의 정서를 지닌다. 함께 나누는 맛의 기쁨, 공유할 수 있는 가치, 사람에 대한 배려, 거기서 태어나는 공감……. 분명 회사에서는 얻기 힘든 마음들이었다. 나는 이런 가치를 서로 나누며 사는, 선순환의 시작점이 되리라 마음먹었다. 사회 생태계 속에서 지친 사람들에게 맛있는 음식을 먹여 작은 힘과 치유가 되어주는 거, 엄청 멋지지 않은가?

'알 만한 사람만 아는 그곳'이
내 취향

그 무렵 마침 홍대 인근에 있는 허름한 지하 바(bar)를 인수하지 않겠냐는 제안이 들어왔다. 전공을 살려 분석에 들어갔다. 결론은 NO!!! 장사는 '목 좋은 곳'이라야 반은 먹고 들어가는데, 메인 골목에서 접근성이 떨어져 유동인구가 적었고, 길 쪽으로 입구도 낼 수 없는 구조에, 낡고 불그죽죽한 내부 분위기라니.

그런데 이상했다. 나는 그곳을 보고 또 보고 요리조리 뜯어봤다. 어차피 사람 엄청 많은 길에 있어봐야 오다가다 들르는 손님 다 상대할 기운도 없지 않나? 블로그 마케팅으로 겉만 그럴듯하게 운영할 것도 아닌데. '아는 사람만 가는 숨겨진 맛집'으로 포지셔닝 하는 것이 내가 생각하는 가치와 맞아떨어지는 거 아닌가? 거기까지 생각이 미쳤을 때, 마침내 사직서와 계약서를 동시에 쓰는 짓을 저지르고 말았다. 생애 처음으로 '팔기 위한' 음식을 연구하기 시작했다.

꼭 바닥부터
시작하라는 법은 없다

그렇다. 2년제 요리학교를 졸업한 내가 처음 선택한 방식은 내 가게를 열어 '오너 셰프'가 되는 것이었다. 그러려면 학교에서 배운 지식과 실제 업장 경험이 겸비되어야 하는데, 주방 알바조차 해본 적이 없으면서, 무모했다고 생각한다.

다른 레스토랑에서 주방 보조부터 시작해볼까, 하는 생각을 안 해본 것은 아니었다. 나이도 많은 내가 "막내로 들어가 배우겠습니다!" 했으면 드라마틱하기는 했겠으나 그 이면에는 시간대비 많은 노동을 제공하고 저임금을 받는 등 8년이나 직장생활을 했던 자로서 각오해야 할 것들이 너무 많았다. 대신 나는 그간의 사회경험을 십분 활용하기로 했다.

인맥을 통해서 저렴한 가격에 가게를 꾸미고, 전공인 경영학 지식을 고려해 디테일한 사업을 구상하고, 그밖에도 가게 콘셉트를 잡거나 주방 운영 시스템을 짜는 등 요리를 제외한 모든 것에서 이전에 했던 사회생활의 도움을 받았다.

가게를 오픈하면서 가장 공을 들인 것은 '루블랑만의 메뉴를 개발하고, 손님이 지불하는 금액에 합당한 음식을 제공하는 것'이었다. 그러나 지금도 "나는 엄청난 요리사가 될 거야"라는 생각은 하지 않는다. 굳이 따지자면 "나는 외식업 경영자가 될 거야" 쪽이다. 51 대 49 정도로 균형을 유지하고 있고, 51이 경영자 마인드 쪽이다.

길게 보자,
나가떨어지지 않도록!

솔직히, 여전히 적자다. 블루리본에 선정되고, 단골손님도 늘었지만 잘 먹고 잘 산다고 말할 정도는 아니다. 그럼에도 나는 지금의 상승곡선을 높게 산다. 장기전이기 때문이다. 빨리빨리 사람이 모여들지 않는 것에 초조해하기보다는 본질적인 것에 신경을 더 많이 쓰기로 다짐했다.

실은 "엄청엄청 열심히 살자" 스타일은 아니다. 재밌게 살기 위해서 일하는 건데, 나의 몸과 마음을 상처 입히면서까지 뭔가를 하고 싶지는 않다. 일과 삶의 균형을 잘 찾아서 유지하는 게 길게 가는 방법이라고 생각한다.

사람 관리에 있어서도 마찬가지다. 놀 때는 놀고, 일할 때는 일하고. 손님 많은 날에는 어쩔 수 없이 다 같이 빡세게 일해야 하지만! 자영업 하는 분들 중에 알바가 잠깐이라도 쉬는 모습을 절대 못 보겠다는 분들이 많다. 나도 처음에는 그랬다. 그런데 점점 "내가 너에게 월급을 주니까 이 시간부터 죽어라 일만 해" 이건 서로에게 손해라는 생각이 들었다. 지금은 그 부분에 있어서도 밸런스를 찾아가는 중이다.

점점
재밌어져야 한다

하다 보면 점점 더 재밌어야 한다. 재미있으면 계속할 수 있다. 가게 인테리어 공사할 때, 새벽 6시부터 공사판에 있어도 마냥 신이 났다. 뭐 하는 건지도 모르고 도움도 안 되는데, 먼지 뒤집어쓰면서도 웃고 있었다. 가게 완성되고 난 뒤에 메뉴를 개발할 때도 얼마나 행복했는지 모른다. 듣도 보도 못한 식재료 조합해보고 맛 이상하면 돈 아까워하고 그러면서도.

처음에는 뭐든지 재밌다. 하고 싶어서 뛰어든 일이니까. 그런데 길게 가려면 본인이 선택한 업을 자신에게 어울리게 짜 맞추는 것도 필요하다. 거기에 경영에서의 디테일까지 갖추면 시너지를 내는 방향으로 가는 거다.

모두의 자취방에서 탄생한 인생 요리, 상한 우유 까르보나라

무릇 남자들이 처음 요리를 하게 되는 것은 자취 생활과 연관이 있다. 집밥이 사무치도록 그리운 순간. '아 뭐라도 먹어야 살겠구나' 또는 '용돈이 이것밖에 안 남았……'과 같은 현실적인 위기감을 느끼게 되면서 마침내 라면이 아닌 '무언가를 조리하는 행위'를 시작한다. 벌써 10년이나 지난 얘기다.

그 시절 나의 방은 '모두의 자취방'으로 통했고, 거기서 술을 마시면 내가 맛있는 요리를 해준다는 소문이 돌기 시작했다. 그러던 어느 날 만취한 친구들이 모두의 자취방을 찾아왔다. 함께 어울려 즐기던 나는 술기운이 한껏 올라 팬을 잡았고, 너구리 라면과 우유만으로 그럴 듯한 까르보나라를 만들어냈다. 탄성을 자아내게 만든 크림 파스타로 나는 그 동네 '스타 셰프'가 될 뻔하였으나, 다음 날 숙취에 찌든 채 청소를 하던 친구들은 보고야 말았다. 어젯밤 파스타 소스의 주재료였던, 유통기한이 한참 지난 우유팩을!

#홍대앞 #오빠랑 #데이트장소추천?

가게를 오픈하고 나서 블로그 마케팅 업체에서 제안이 많이 들어온다. 하지만 나는 회사에서 온라인 마케팅 관리를 했었고, 과장된 정보를 생산하고 퍼뜨려야 하는 것이 그때도 치가 떨리게 싫었다. 처음엔 영업하는 분들이 찾아오면 깊게 파고들며 난처하게 만들기도 했다. 지금 생각하면 조금 미안하다. 그분들도 먹고살자고 하는 일인데…….

현재는 SNS와 블로그를 직접 운영한다. 직장 경험을 통해 사진이든, 글이든, SNS든 조금씩은 할 줄 알게 된 덕분이다. 다행히 실제로 방문했던 손님들이 좋은 얘기를 올려주는 사례가 늘어나고 있다. 본질에 신경 쓰고, 그 본질에서 만족감을 얻은 손님들이 진심을 담아 칭찬해 주는 게 결국 최선일 거라 생각한다.

주체적으로 일할 자신 있다면,

강력 추천

-

요즘은 직장생활에서 장기적인 비전을 찾기가 어렵다. 대기업 다니는 친구들, 스트레스 받는 이유 다 똑같다. 앞서 간 선배들이 회사를 떠나는 모습을 보고 있으면 나의 끝도 다르지 않을 거 같아 두렵다. 그때가 되면 한창 대출금 갚고 아이들 크고 그럴 때인데, 그때 나와서 방법 찾는 건 더 어렵다.

새롭게 시작하는 것은 당장 본인이 용기를 낸다면 충분히 가능하다. 단, 주체적으로 일을 하려고 하는 사람들에게 잘 맞다. 수동적인 사람은 힘들다. 일단 나오면 하나부터 열까지 전부 다 직접 해야 한다. 못하겠으면 조직 밖으로 탈출해서는 안 된다. 회사 다닐 때 직급이 올라가면서 연차가 많아지니 내가 직접 하지 않아도 되는 일이 많아졌다. 그게 편하면서도 한편으로 가장 걱정이었다. 더 관성으로 굳어져서 PPT 한 장 못 만들게 되기 전에 빨리 탈출하자 싶었다.

일하는 사람이 즐거워야

더 좋은 서비스가 나온다

-

좋아하는 모 회사 대표님이 있다. 처음 자영업 세계에 발을 들여 놓으며 그분의 조언과 영향을 많이 받았다. 다른 건 차치하더라도 '일하는 것에 대한 보상을 명확히 하라'는 부분을 늘 마음에 새기고 있다. 내가 못 견디는 것을 직원들에게 강요할 수 없다고 생각한다. 나도 쉬고 싶고 돈 많이 벌고 싶긴 한데, 직원들은 더할 테니까. 그리고 나는 내 가게이지만 직원들한테는 남의 가게 아닌가.

한번 일했던 친구들 중에 이 자리가 좋아서 안 놓으려고 하는 경우를 종종 본다. 그래서 그만두게 되면 자기 친구를 넣어준다. 만약에 다시 시간이 나면 호시탐탐 자리를 노리기도 한다. 이 친구들이 계속 일하면 트레이닝이 되다 보니까 나는 점점 더 편해지고, 이 친구들은 일이 익숙해지니까 일이 더 빨리 끝난다. 당연히 쉬는 시간이 더 늘어나고, 나는 시급이나 올려주면 되는 거고, 선순환이 이뤄지다 보니까 서로 서로 좋다.

나중에 더 자리를 잘 잡으면 자기 능력만큼 급여를 받으면서 여유를 갖고 재미있게 일하는 사람들이 모인 곳을 만들고 싶다. 일하는 사람이 즐거워야 더 좋은 서비스, 더 좋은 요리가 나온다.

신민섭이 말하는
'오너 셰프'

–

오너 셰프라는 단어를 다시 말하면 요리하는 자영업자. 요리사로서는 메뉴를 개발하여 레시피를 만들고, 고객에게 나가는 음식을 조리해야 한다. 또한 서비스 책임자로서 고객 응대를 하고 컴플레인 대응, 단골 고객 관리, 예약 관리, 서빙을 해야 하며, 동시에 경영자로서 매출 관리, 원가 관리, 재고 관리, 회계, 세무, 인사, 교육, 마케팅을 해나가야 한다.

세 가지 역할 속에서 정신없이 바쁘기는 하지만, 요리사로서 나의 요리를 통해 고객에게 감동과 공감을 전달하고, 서비스 책임자로서 고객의 시간과 공간을 공유하며, 경영자로서 나의 꿈을 실현하고 나누는 매력적인 직업이다.

www.vingle.net/loupblanc

www.facebook.com/loupblanccbat

Case 03

김동하 · 김고은

현재 직업   프리다이빙 강사 겸 다이빙 숍 오너
덕질 분야   여행, 스쿠버다이빙, 프리다이빙
빙글 계정   www.vingle.net/ddonghaya

"끝까지 해보자는 마음이
선명한 길을 그려주었다"

"이제 와서 돌아가면 뭐할 건데?"
그 한마디에 머리를 스치는 생각이 있었다.
'맞아, 나… 엄청 간절히 원해서 온 거였지.'

o

이 길에 들어선 지 1년쯤 되었을 때
고비가 찾아왔다. 다 때려치우고 싶었다.
어느 날 손님으로 온 어떤 아저씨가 물었다.
"이제 와서 한국 가면 뭐 먹고 살 건데?"
그 말을 듣고 일단 끝까지 한 번 가보기로 했다.
그 고비를 넘기자 시간이 지날수록
선택을 잘했다는 생각만 든다.
막연하고 두루뭉술했던 생각들이
점점 뽀족하고 구체적인 길이 되어간다.

o

덕업일치 연보

2003년 8월	배낭여행 중 태국에서 첫 스쿠버다이빙 자격증 취득. 스쿠버다이빙 강사라는 직업에 대해 알게 됨
2006년 1월	여행사에 취업하여 돈 모으기 시작
2007년 12월	스쿠버 강사가 되기 위해 태국으로 출국
2008년 11월	스쿠버 강사로서의 일상에 염증을 느낌
2009년 5월	스쿠버다이빙 자격증을 따러 온 김고은을 만남
2009년 10월	김고은과 함께 호주로 떠남
2012년 4월	프리다이빙에 도전하기 위해 이집트 다합으로 떠남
2012년 10월	프리다이빙 강사 자격증 취득
2013년 11월	필리핀 보홀에서 프리다이빙 숍 시작, 현재까지 운영 중

한 번은 해봐야
미련이 없다

(동하) 어느 날, 술을 먹다가 결심이 섰다. 하고 싶은 것을 해보기로. 그때가 스물일곱 정도의 대학교 졸업반이었는데, 학교에서는 나이가 상대적으로 많다 보니 '이제 안정적인 직장 찾아서 돈 벌어야지' 하는 압박이 있었다. 그런데 술을 마시다가, '아니 나 아직 젊지 않나? 하고 싶어 죽겠는 거, 태국 가서 스킨스쿠버 강사, 그거 하자' 이렇게 된 거다. 취업과 유학 중에 고민하던 시기였는데 가족과 친구들에게 폭탄선언을 하고 떠나왔다.

(고은) 우연히 스킨스쿠버에 꽂혀서 강사 자격증을 따겠다고 태국에 갔다. 거기서 동하를 만났다. 스쿠버 강사였다. 같이 맥주 한 잔 하게 됐는데, 돈 모아서 전 세계의 바다를 다 돌아볼 거고, 프리다이빙이란 것도 할 거고, 또 나중에 돈 벌어서 요트도 살 거라는 얘기를 하는 거다. 늘 막연하게 끌리는 거 하면서 살던 나에게 뚜렷한 자신만의 계획이 있는 동하는 참 멋있었다. 그런 사람이 "나 호주 가서 스쿠버 강사 생활 할 건데, 같이 갈래?"라고 물었고, 나는 당장 가겠다고 했다.

우리 둘,
뭐라도 되겠지

(동하) 처음에는 막연했다. 사실 그 시절에 술만 먹으면 내뱉는 레퍼토리였다. 프리다이빙에 대해 아는 사람이 거의 없던 때였는데, 나중에 꼭 프리다이빙에 도전하겠다는 말. 그다음에는 다이빙 숍 열고, 요트로 세계일주 하겠다는 얘기가 따라붙었다. 그러면 사람들 반응은 딱 두 가지였다. "그래, 뭐 네 인생이니까" 하고 흘려듣거나, "정신 차리고 빨리 한국 들어가서 자리 잡아야지" 라고 충고하거나. 그런데 고은이는 "자기도 그런 삶을 살아보고 싶었다"고 했다. 그 반응이 내게는 되게 신기했다.

(고은) 나도 막연했다. 그냥 한국에서 사는 건 답답할 거 같았다. 뭘 해야 할지는 몰랐지만, 일단 따라 나섰다. 영어도 잘 못했는데 한국 가서 전자사전이랑 배낭이랑 챙겨서 다시 나왔다. 근데 재밌는 건, 그때 그 '술 먹으면 나오던 레퍼토리'들을 벌써 반 이상 이뤘다. 호주도 다녀왔고, 프리다이빙 강사도 됐고, 다이빙 숍도 열었다. 지금은 다이빙 손님들을 위한 리조트를 준비 중이다. 요트 사는 것만 남았는데 요트도 얼마 전부터 알아보고 있다. 시작할 때 '뭐라도 되겠지' 했던 게, 정말 뭐가 된 거다.

Case 03 김동하 · 김고은

이제 와서 돌아가면
어쩔 건데

(동하) 태국에서 스쿠버 강사를 한 지 1년 정도 지났을 때였다. 처음에는 한 달에 70만 원 벌면서도 진짜 좋았다. 땡볕에 장비 나르면서 언덕 넘어 다니는 것조차 재밌었다. 일 끝나고 저녁에 맥주 한잔하면 그렇게 행복했다. 돈을 아예 안 받아도 좋으니 계속 이렇게 살고 싶다고 생각할 정도였다.

사람 마음이 참 간사했다. 1년 정도 그 생활을 반복하니까 무료해졌다. 다 의미 없게 느껴지면서 갑자기 어른들 말이 맞는 거 같았다. '이제라도 한국 들어가서 직장생활 해야 되는 건 아닐까.' 한창 그러고 있을 때 한 아저씨 손님을 만났다. 술 먹으면서 넋두리를 하니까 일침을 놓았다.

"한국 가면 뭐하게? 나이 서른 먹고 다른 경력도 없고, 월급 주면 아무 일이나 하게? 평생? 처음에 재미있었다며. 한국 가서 살아도 하는 고민은 똑같아. 어렵게 선택해서 시작한 거니까 그냥 끝까지 한 번 해봐."

맞는 말이었다. 다시 마음을 잡았다. 스쿠버 강사 시작했으니까 마지막 단계인 코스디렉터까지는 해보자. 그리고 나면 센터 오픈도 해보자. 그러면서 1년을 더 있다 보니 새로 하고 싶은 일들이 생기고 고은이도 만났다.

이후에도 일말의 불안감이 없었던 건 아니다. 돈이야 쓸 데가 많지 않으니까 월급이 부족하진 않았는데, '내가 언제까지 이렇게 살 수 있을까' 하는 생각은 가끔 했다. 한국 와서 친구들 만나면 연봉, 집, 차, 펀드 얘길 하는데 나와는 거리가 멀고 끼어들 수 없는 화제들이었다. 지금 충분히 즐겁고 행복하게 잘 살고 있다고 생각하다가도 친구들을 만나면 흔들리곤 했다.

그래도 내가 하고 싶어서 선택한 일이니까 끝까지 가보자는 마음을 갖고 살았다. 지금은 돌아가고 싶단 생각 전혀 안 한다. 시간이 지날수록 옳은 선택이었다는 확신이 든다. 처음엔 두루뭉술했던 길이 이제는 점점 선명해지고 있기 때문이다.

길이 없는 것이 아니다,
단지 선택하지 않았을 뿐

(동하) 내가 딱히 남달라서 가능했던 것은 아니다. 고3 때 진로 상담하면서 영화감독 되고 싶다고 했더니 담임선생님께서 딱 한마디 하셨다. "너 집에 돈 많니?" 바로 접었다. 그리고 성적 맞춰 대학 갔다. 그만큼 별 생각 없이 막연하게 살던 학생이었다. 다만 여행을 정말 좋아했고 다이빙이 너무 하고 싶었고, 하고 싶으니까 어떻게든 할 수 있는 길을 찾아낸 것뿐이다.

다이빙 강사가 되려면 목돈이 필요했기에 일단 작은 여행사에 취직했다. 새로운 지역에 여행 루트를 개발하고 상품화하는 일을 맡았다. 배낭여행을 워낙 많이 다녔고 좋아했으니 잘 맞을 거 같았다. 솔직히 말하면 여행 상품 개발하면 나도 같이 여행을 갈 수 있는 줄 알았다. 큰 착각이었다. 가만히 앉아서 인터넷으로 알아보고 전화로 예약 잡고 일정 짜는 것이 전부였다. 그래도 돈은 모아야 하니 2년 정도 다녔다. 월급으로 학자금 대출 갚고 최소 생활비 충당하고 남는 시간과 비용을 최대한 모으고 아껴가면서 강사 자격증을 취득했다.

(고은) 무언가 하나는 포기할 수 있어야 한다. 좋아하는 일을 본업으로 삼지 못하는 건 꼭 방법을 몰라서만은 아닌 것 같다. 예를 들어 다이빙이 좋으면 다이빙 강사가 되면 되는데, 그러면 회사 다니는 것만큼의 안정적인 수입과 흔히 생각하는 도시 생활을 어느 정도 포기해야 한다. 돈을 많이 못 버는 게 싫어서, 혹은 도시의 편리한 생활을 포기할 수 없어서 안 하는 사람들도 많다.

일단
이불 밖으로!

(동하) 하고 싶은 게 뭔지 모르겠다면, 혹은 하고 싶긴 한데 잘할 수 있을지 모르겠다면 일단 집에서 나와 보는 것도 방법이다. 나는 대학도 일부러 집과 멀리 떨어진 곳에 갔다. 혼자 살아보고 싶어서. 지금에 와서 하는 생각이지만 그때 집에서 대학 다녔으면 지금 이렇게 살고 있지 않았을 거 같다. 새로운 환경에서 누구의 도움 없이 스스로 해결하며 살다 보면 자율적으로 선택하고 행동하고 책임져볼 기회가 생긴다. 나는 자유롭게 여행을 많이 다녔고, 여행을 다니기 위해 열심히 아르바이트 해서 돈을 모았다. 그 과정에서 자연스럽게 생활력과 적응력을 습득할 수 있었다.

(고은) 한번쯤은 고생하는 배낭여행을 해보기를 권한다. 여행하다 좋은 곳을 만나면 머무르고, 좋은 사람을 만나면 또 머무르는 시간을 가져봤으면 좋겠다. 네팔 포카라에서 한식당과 게스트하우스를 운영하는 분들을 만난 적이

있다. 여행 왔다가 너무 좋아서 정착한 분들이었다. 여행 다니다 보면 자신이 좋아하는 것을 본업으로 한 분들을 많이 만나게 된다. 좋은지 안 좋은지, 원하는지 안 원하는지 해봐야 알고, 가봐야 알지. 연애를 하고 싶으면 이성이 많은 데 가야 하듯이, 뭔가 알고 싶다면 새로운 경험을 안겨주는 곳에 가야 하지 않을까.

아직
늦지 않았다

(동하) 이제는 가지 않은 길에 대한 미련이 없다. 무엇보다 재밌다. 분명한 목적이 있고 하고 싶은 일이 있으니까 더 힘이 나고 자리를 잡아가는 맛이 있다.

케빈 코스트너가 나오는 「워터월드」라는 영화가 있다. 지구온난화 때문에 배에서 생활하게 되는 내용인데 영화는 망했지만, 나는 너무 재밌어서 보고 또 보고 했다. 나중에 그렇게 여행하는 것이 로망이었다. 처음 요트여행을 계획할 때 「워터월드」를 다시 보며 나의 요트를 상상해봤다. 잘 씻을 필요 없고, 많이 먹을 필요도 없고, 배고프면 낚시해서 잡아먹고. 그렇게 망망대해에서 생활해보는 것이 지금 갖고 있는 꿈이다.

대학 졸업반이 되면 아무래도 늦었다는 생각을 많이 하게 된다. 졸업한 뒤 방황하는 시기가 생기면 더더욱. 하지만 지나고 보니 엄청난 착각이었다. 뭘 하고 싶은지 고민하고 시도해보기에 더할 나위 없이 좋은 때다. 나 역시 늦은 게 아닐까 망설이던 순간이 있었고, 그럼에도 한 발짝 움직였던 스스로에게 너무 고맙다. 가만히 '맞는 길처럼 보이는 길'로 갔더라면 집, 차, 연봉, 아이의 대학 대신 「워터월드」 같은 꿈을 꾸면서 살고 있지 못했을 거다. 할 수 있는 것부터 하나씩 해나가다 보면 길은 점점 뚜렷해진다. 그러니 부디, 출발부터.

그깟 콜라 한 모금이 뭐라고

(고은) 프리다이빙 배우러 이집트 다합에 갔을 때였다. 다합에서도 스쿠버를 많이 하니까 스쿠버 강사로 돈을 벌면서 프리다이빙 교육을 받고 생활비를 충당하면 되겠다고 생각했다. 그런데 일자리 구하는 게 잘 안 됐다. 수입은 없고 교육비랑 생활비랑 지출은 계속 생겨서 돈을 엄청 아껴 써야 하는 상황이 왔다. 정말 밥이랑 간장이랑 냉동패티 하나 구워서 먹는 게 다였다. 어느 날 생전 잘 먹지도 않던 콜라랑 초콜릿이 너무 먹고 싶은 거다. 원래 좋아하지도 않던 것들인데 돈을 못 쓴다고 생각해서인지 그게 그렇게 먹고 싶은 거다. 딱 콜라 한 캔이면 되는데, '페레로 로쉐' 그거 딱 한 알만 먹고 싶은데…… 하나만 먹겠다고 막 울었다. 평소 먹지도 않았으면서 왜 하필 지금 그게 먹고 싶냐고 뭐라 그래서 싸웠다. 그때가 아마 처음으로 가장 크게 싸웠던 때인 거 같다.

(동하) 대학교 때 하루 5달러만 쓰면서 여행하는 배낭여행이 유행했다. 나도 그렇게 여행을 많이 다녔다. 하루에 한 끼만 먹고 다니기도 했고. 그래서 다합에서의 생활이 그렇게 힘들지는 않았다. 당장에 돈이 없다기보다. 나중에 돌아가기 전까지 현재 가진 걸로 버텨야 하니까 쓰면 안 된다는 강박 같은 게 있었다. 고은이가 많이 힘들어해서 미안했다.

나도 해외에서
일할 수 있을까?

–

해외에서 뭘 해보겠다고 결심하기 전에, 여행을 먼저 해보면 도움이 된다. 외국에서 뭘 하겠다는 말은 곧 한국을 떠나 살아야 한다는 말이다. 본인이 한국을 떠나 살 수 있는지 먼저 알아봐야 한다. 생각보다 외롭고 고단하다. 한국 음식이 없어도, 한국 친구들이 없어도 잘 적응하고 버틸 수 있는지 알아보자. 일주일, 한 달이 아니라 1년 정도는 떠나 있어 보길 추천한다. 사람들은 "1년이라는 긴 시간을 내기가 쉽지 않다"고 하는데, 평생에 딱 1년이다. 젊을 때 단 1년도 나를 위해 투자 못할까. 충분히 그 이상의 가치가 있는 시간이라고 생각한다.

작게 시작하면
출발이 쉽다

–

한 방에 '빵' 터뜨리려고 하면 시작부터 어렵다. 나는 최소한의 단위에서 시작했다. 프리다이빙 숍을 여는 것도 그랬다. 처음부터 장비를 다 갖춰놓고 할 수 없었다. 손님이 얼마나 올지 모르니까, 예약이 한 명 들어오면 거기에 맞춰서 장비 하나 사는 식이었다. 예를 들어, 누가 온다고 하면 전화해서 사이즈가 몇인지 물어보고, 그 손님에게 맞는 걸로 하나 구입, 둘이 오면 큰일 나는 거다. 하하. 그 손님이 가고 그 다음에 둘이 온다고 하면 또 사이즈 물어보고. 한 명이라도 그전 손님과 사이즈가 맞으면 다행인데, 안 맞으면 새로 두 개를 사야 했다. 그런 식으로 장비도 늘리고 교육 횟수도 늘려갔다. 무작정 투자하지 말고 천천히 하나씩 이루다 보면 무리 없이 자연스럽게 목적지까지 흘러갈 수 있다. 하다가 망할 수도 있고, 잘할 줄 알았는데 막상 해보니 나랑 안 맞을 수도 있으니까.

김동하, 김고은이 말하는
다이빙 강사

–

다이빙 강사는 육지에 두 발을 디디고 살던 사람들에게, 바닷속 세상을 처음 소개하는 사람들이다. 바다에서의 안전과 편안함을 책임지는 것은 물론이고 낯선 것을 만나는 방식과 즐기는 방법까지, 새로운 세상에 몸을 던진 이들에게 바다와 다이빙에 관한 모든 것을 알려주고 함께 하는 동반자다.

프리다이빙(Free Diving)이란?

–

프리다이빙이란 외부 호흡장치 없이 자신의 호흡만으로 잠수하는 것을 뜻한다. 크게 인도어(수영장) 종목과 아웃도어(바다) 종목이 있으며, 기록을 측정하는 스포츠다. 처음부터 프리다이빙을 접하는 이들도 있지만, 스쿠버다이빙이나 수영 등을 즐기다가 프리다이빙에 관심을 갖게 되는 경우가 많다. 스쿠버다이빙과 프리다이빙은 어떤 차이가 있느냐는 질문을 종종 받는데 여러 기술적인 차이점들이 있지만 다른 관점에서 설명하자면, 스쿠버다이빙이 낯설고 신기한 수중세계와 만나는 일이라면 프리다이빙은 자기 자신을 만나는 일이라 할 수 있다. 수중에서 무호흡으로 고요하게 자신의 마음을 바라보다 보면, 어느새 자신도 모르던 자기 모습을 발견하게 된다. 프리다이버가 되면 보다 가볍고 자유롭게 바다에서 다이빙을 즐길 수 있다. 돌고래, 혹등고래, 대형 가오리들과 유영하는 자신의 모습을 상상해 보라. 보다 자연에 가까운 방식으로, 바닷속 생물들과 교류하고 교감할 수 있다.

vingle.net/ddonghaya

blog.naver.com/hermes6954

Case 04

임 재 현

현재 직업   포토그래퍼
덕질 분야   패션, 사진
빙글 계정   www.vingle.net/PlanB

"아무것도 하지 않으면
아무 일도
일어나지 않아"

"춥든 덥든, 비가 오든 몸이 아프든,
무조건 나갔다. 오늘 못 나가면
다음 쉬는 날까지 기다려야 하는데
그 잠깐을 기다리는 것이 더 괴로웠다."

○

어릴 때 집에 그 흔한 가족사진 한 장이 없었다.
그래서 사진으로 무언가를 기록하는 일에
더 집착했는지도 모른다. 사진을 전공한 적도,
전문적으로 배운 적도 없다. 그냥 계속 찍었다.
생활비를 충당하느라 아르바이트 하는 날을 빼면
사진을 찍을 수 있는 날은 일주일에 최대 이틀이었다.
몸이 아픈 날에도 집에서 쉬는 것보다는
길거리에 나가 사진을 찍는 순간이 더 좋았다.

○

덕업일치 연보

2011년 10월	친구의 권유로 호주 멜버른으로 워킹홀리데이를 떠남
2012년 4월	패션 블로그를 보던 중 스트리트 패션 포토그래퍼라는 직업을 알게 됨
2013년 3월	패션 페스티벌 첫 구경
2013년 5월	캐논 6D 마련, 매일매일 사진을 찍어 블로그 등에 올림
2013년 10월	뉴욕 브루클린에 있는 잡지사에 300달러에 사진 판매
2014년 4월	호주 최대의 패션쇼 '메르세데스 벤츠 패션위크 시드니' 방문. 이때 찍은 사진으로 아이즈 매거진과 인연 시작
2014년 8월	멜버른 스프링 패션위크에 처음으로 미디어 자격으로 입장
2015년 2월	같이 사진 찍던 친구의 도움으로 크래커 매거진과 인연
2015년 7월	세계 4대 패션위크 중 뉴욕 패션위크 참가, 외국인들이 알아보기 시작함
2015년 9월	런던 패션위크, 밀라노 패션위크, 파리 패션위크 참석
2015년 10월	한국으로 귀국, 서울에서 스트리트 패션 촬영 시작

패션 블로그 사진 속 사람들이
살아서 걸어다닌다

호주에 간 것이 나의 첫 해외 경험이었다. 거리를 걷는데 화보 속에서나 보던 사람들 사이를 지나다니는 기분이었다. 패션 블로그를 운영하던 중이라 포스팅에 도움이 될까 하여 외국인들을 찍어 봤다. 생각보다 예쁘게 나왔다. 스타일리시한 사람들이 보이면 마구 찍기 시작했다.

하루는 패션 블로그를 검색하다 '스트리트 패션 포토그래퍼'라는 직업이 있는 걸 알게 됐다. 이렇게 재밌게 먹고사는 사람도 있구나. 그 뒤로 그런 사진들을 찾아보는 게 일상이 됐다.

워킹홀리데이가 끝나고 한국에 돌아와 취직했지만 자꾸 호주 생각이 났다. 툭하면 호주에서 찍은 사진들을 열어봤다. 몇 달 뒤, 다니던 회사는 부도가 났고 기다렸다는 듯 다시 호주로 향했다. 이번엔 나도 스트리트 패션이란 걸 찍어보겠다고 마음먹은 뒤였다. 돈을 모아 6D를 구입하고 본격 거리를 돌아다니기 시작했다.

"사진을 배운 적이 없어 셔터 스피드나 ISO가 뭔지도 몰랐다.
인터넷에서 검색하거나 잘 찍는 친구에게 물어본 뒤
직접 찍으면서 익혔다. 그다음엔 좋은 사진을 많이 봤다.
머릿속에 남겨뒀다가 자연스럽게 배어나올 때까지 찍다 보니
사진이 늘었다. 사진이 늘었다는 건…… 스스로 느낄 수 있다.
물론 주위 사람들이 말해주는 것도 있다.
처음에는 세로 구도로 사람을 세워놓고만 찍었다.
그러다 점차 가로 구도로 역동적인 사진을 많이 찍었다.
생각지도 못한 사진들이 나오니까 재미가 붙었다."

"호주에서는 아르바이트를 하느라 사진을 찍을 수 있는 날이
일주일에 이틀 정도였다. 쉬는 날이면 아침부터 해가 질 무렵까지
계속 찍었다. 처음에는 사람들에게 거절당하면 의기소침해졌는데,
지금은 익숙하다. 거절당하면 바로 다음 사람에게 가서 물어본다.
그래도 생각보다 많이 못 찍는다. 하루에 많이 찍으면 네다섯 명?
노숙자들에게 카메라를 뺏길 뻔하기도 했다.
후미진 골목을 찍고 다니다가."

"멜버른에서 디그레이브 스트리트(Degraves Street)라는 카페
거리를 좋아했다. 아침부터 활기찬 곳이다.
커피 마시러 온 사람 중에 멋있는 사람이 진짜 많았다.
관광객보다는 현지인들이 모여 있는 곳을 찾느라
골목 안쪽에 있는 공간을 헤집고 다녔다."

"스트리트 포토그래퍼는 날씨의 영향을 많이 받는 직업이다.

추워도 더워도 거리에 나가야 일을 할 수 있어서.

멜버른은 한여름에 45도까지 올라가기도 했는데,

그래도 밖으로 나갔다.

아픈 날에도 중간에 돌아올지언정 무조건 나갔다.

다음 번 쉬는 날까지 기다리려면 또 일주일을 참아야 하니까."

내 사진을 사겠다는
회사가 나타났다

6D를 구입하고도 처음에는 잘 못 찍었다. 사용법을 모르니 기능을 활용하지 못했다. 운영하던 블로그와 페이스북 페이지에 못 찍은 사진이나마 올렸더니 사람들이 댓글도 많이 달아주고 조언도 많이 해줬다. 몇 달 후 뉴욕 브루클린에 있는 한 회사에서 연락이 왔다. 큰 블로그를 운영하는 회사였는데 막 패션 블로그를 열려던 참이었던 거 같다. 분기마다 25장씩 300달러에 사겠다고 했다.

멜버른과 시드니에서 패션위크가 열릴 때마다 구경을 갔다. 정식 입장 요청은 해봤지만, 유명하지도 않았고, 특정 미디어에 소속된 것도 아니어서 거절당했다. 그래도 행사장 주변을 열심히 돌아다니며 사진을 찍었다. 유명한 포토그래퍼와 블로거들을 실제로 볼 수 있는 것만으로도 너무 행복했다.

패션위크에서 찍은 사진을 페이스북에 올렸더니 한국의 아이즈 매거진에서 또 연락이 왔다. 그다음엔 같이 사진 찍던 친구가 호주를 떠나면서 본인이 일하던 크래커 매거진의 자리를 내게 넘겨줬다. 이렇게 조금씩 인정을 받는구나!

여기까지 일이 풀리자 패션위크에 미디어로 입장할 수 있는 자격이 주어졌다. 나를 알아봐주는 사람들도 조금 생겼다. 잡지와 블로그에서만 보던 모델, 블로거, 포토그래퍼들과 나란히 있다니 믿을 수 없었다.

드디어,
꿈의 뉴욕

호주 비자가 얼마 남지 않았을 때, 세계 4대 패션위크 투어를 돌기로 결심했다. 뉴욕, 런던, 밀라노, 파리행 티켓을 질렀다. 2015년 6월, 메르세데스 벤츠 패션위크 시드니를 마지막으로 호주를 떠났다. 첫 도시인 뉴욕에서 패션위크가 시작하기 전까지 세 달 치 숙박비를 지불하고 나니 달랑 300달러가 남았다. 한인타운에 있는 한식당에 가서 무작정 일을 시켜달라고 졸랐다. 근데 여기서 정말 고생 많이 했다. 어릴 때부터 식당 아르바이트는 수도 없이 해봤지만, 기본 10~20년차 삼촌, 이모들을 따라갈 수 없었다. 평생 먹을 욕이란 욕은 다 먹고, 앞치마 집어 던지고 나오고 싶었지만 뉴욕 패션위크 때문에 참았다.

대망의 뉴욕 패션위크가 시작되었다. 그런데, 어떤 사람들이 다가와서 "혹시 네가 Jay Lim이냐"고 물었다. 아무것도 아닌 나를 이름까지 기억해 주다니! 심지어 어떤 태국인은 내가 잠깐 자리를 비운 사이에 나를 찾으며 Jay의 팬이라고 했단다.

"재밌어서 일을 한 적은 단 한 번도 없었다.

돈을 벌어야 하니까 억지로 했다.

그런데 사진을 시작하고 일하는 게 즐거워졌다.

친구들 말로는 내가 사진 찍을 때 항상 웃고 있다고 한다."

"어릴 때 집에 사진이 없었다.

그 흔한 가족사진조차도. 친구 집에서 가족사진을 보면 부러웠다.

스트리트 패션 사진으로 시작했지만,

웨딩부터 돌잔치까지, 포토그래퍼를 필요로 하는 일은 다 할 거다.

사진에는 순간의 감정이 담겨 있고,

그걸 사람들에게 남겨주고 싶다."

내가 네 인스타그램 팔로워 늘려줄게

인스타그램으로 쪽지가 왔다. 호주의 유명한 댄서였는데 자기 사진을 찍어달란
다. "내 사진 찍어주면 나는 네 인스타그램 팔로워 수 늘려줄게." 댄서라 그런지
촬영 장소를 옥상으로 고르더니, 춤추는 사진을 찍어달라고 했다. 촬영은 무척
즐거웠고, 덕분에 팔로워도 많이 늘었다.

또 하나의 눈

뉴욕에서 사진 찍을 때 머리가 장발인 친구랑 같이 다녔다. 사람들이 그 친구는
기억하는데 나는 기억을 잘 못했다. 전형적인 아시안 보이처럼 생겨서 그랬던
거 같다. 개성을 만들어볼까 하고 팔에 문신을 하기 시작했다. 여러 나라 돌아다
니면서 그 나라에 갈 때마다 기념으로 문신을 하나씩 새기고 있다.
'또 하나의 눈'이란 의미로 셔터 누르는 손가락에 눈도 새겼다. 사진을 찍어서인
지 눈 모양을 좋아한다. 어쩌면 내 눈이 작아서 그런지도. (ㅋㅋ)

'하루쯤 괜찮겠지'는
금물

–

부지런하지 않으면 사진으로 돈 못 번다. 주변에 보면 부지런한 친구들이 금방 잘 된다. 사진 찍으러 나가는 게 귀찮은 날도 있을 수 있다. '오늘 하루만'이란 생각도 든다. 하지만 그럴 때 마음을 잘 잡아야 한다. 안 나온다고 뭐라 하는 사람 없고, 스스로 움직여야만 기회가 생기기 때문에 게으르면 못한다.

패션위크를 돌아다니다 보면 정말 그 일을 좋아하는 사람과 열심히 하는 사람이 눈에 딱 보인다. 포토그래퍼들이 다 같은 숙소를 쓰는데 어떤 친구들은 잠을 거의 안 잔다. 밤 새워 보정하고 아침에 2시간 자고 또 사진 찍으러 나간다. 어떤 친구들은 술 먹고 자고 다음 날 피곤하다고 사진 찍으러 안 간다. 전자와 후자는 큰 차이가 있다. 내가 만약 같이 일할 사람을 선택한다면 사진을 배웠는지, 잘 찍는지보다는 그런 마음과 자세를 먼저 볼 것 같다.

호주에 있을 때 하루 12시간 일을 하고 밤 11시에 들어와서 2~3시까지 사진 정리하고 SNS 하고 그랬다. 열심히 내 사진 홍보하지 않으면 아무도 안 알아주니까, SNS를 열심히 하는 것도 굉장히 중요한 일이다.

아무것도 하지 않으면
아무 일도 일어나지 않는다

–

호주 가기 전까지는 여권도 없었던 사람이다. 영어 한 마디 못했지만, 무작정 친구 따라 나섰다. 인생 최고의 결정이었다고 생각한다. 돈을 벌러 가든, 일을 하러 가든 견문을 넓히기에 더없이 좋은 기회다. 한국에만 있었으면 만나지 못했을 인연들도 만났고, 상상도 하지 못한 좋은 직업도 찾았다. 물론 각오는 해야 한다. 집에서 돈을 지원 받을 수 있는 게 아니라면, 정말 힘들다. 그래도 하고 싶은 게 있다면 일단은 무조건 해보라고 하고 싶다. 해보지 않고는 모른다. 아무것도 안 하고 있으면 아무 일도 안 생기는 거다.

임재현이 말하는
스트리트 패션 포토그래퍼

\-

자율적으로 일할 수 있다는 게 가장 큰 장점이자 단점이다. 내가 하는 만큼, 움직이는 만큼 기회가 생기기 때문에 자기 관리와 노력은 필수다. 수입은 다 다르다. 열심히 하고 잘하는 사람은 회사 월급 이상을 벌 수도 있지만, 그렇지 않으면 기본 생활비 충당도 어려울 수 있다. 포트폴리오가 쌓일 때까지 시간도 좀 걸린다. 대신 노력하면 충분히 가능하다.

나는 SNS를 열심히 하며 내 사진을 사람들이 많이 볼 수 있도록 했다. 인스타그램, 블로그, 페이스북, 빙글, 텀블러 5개를 운영한다. 무신사(www.musinsa.com)와 같은 스트리트 패션 사이트에서 활동하는 것도 방법이다.

www.vingle.net/PlanB

www.instagram.com/jaylim1

Case 05

박 솔 탐 이 나

현재 직업 바리스타, 한국호텔직업전문학교 외래교수,
BAOK 챔피언십 심사위원

덕질 분야 커피

빙글 계정 www.vingle.net/tomeina

"가장 잘하고 싶은
한 가지에
모든 걸 쏟았다"

"어느 순간 돌이킬 수 없다는
생각이 들면서 절실함도 함께 생겼다.
마음을 담아 커피를 내리는
사람이고 싶다. 언제까지나."

o

학자금, 불투명한 미래, 몸고생…
이 길을 포기할 이유는 많았다.
하지만 이미 커피를 하겠다고
새로 학부 편입까지 해버린 뒤였다.
이제 와서 돌아갈 수도, 수능을 다시 볼 수도 없었다.
부모님까지 설득해서 이 길을 선택했는데,
여기서 주저앉기 싫었다.
남들보다 늦게 시작했으니 2배 더 뛰고
2배 더 공부해야 된다고 생각했다.
그런 절실함이 베이스가 되어 주었다.

o

덕업일치 연보

2009년 2월	카페 '케냐 에스프레소'에서 알바 시작
2009년 5월	커피를 본업으로 삼기로 결심
2010년 9월	백석예술대학교 커피바리스타학과 편입
2010년 11월	태국 커피 연수를 계기로 인생의 멘토 김재근 교수님, 정연호 교수님 만남
2012년 7월	할리스 커피 입사, 교육팀에서 근무
2015년 3월	할리스 퇴사, 스위트페이지 커피 R&D/교육 직무로 이직
2015년 7월	스위트 페이지 퇴사, 프리랜서로 독립
2015년 8월	카페 '커피아저씨' 교육팀장
2015년 9월	한국호텔직업전문학교 외래교수 임명
2015년 9월	휘경공업고등학교 바리스타 교육 강사 임명
2015년 12월	경기도 분당에 카페 '커피브라더스' 창업 및 운영 중
2016년 3월	경인여자대학교 외래교수 임명

시작해도 될까?
금수저도 아닌데!

군 제대 후 생활비와 등록금을 마련하려고 알바 자리를 찾고 있었다. 바텐더를 해보고 싶어 바에 갔더니 외모가 너무 정직해서 안 되겠다고 거절당했다. 여러 알바를 해봤지만 한 번도 떨어진 적 없었는데 충격이었다. 다음으로 멋있어 보이는 건 바리스타였다. 어릴 때부터 어머니가 원두를 사서 직접 내려드시는 걸 봐온 터라 커피 문화에 익숙한 것도 있었다. 당시 광주에서 가장 큰 프랜차이즈 카페였던 '케냐 에스프레소'에서 일을 시작했다. 일을 시작하기 전에 제대로 교육을 시켜준다는 소리에 그곳을 택했다. 배워보니 너무 재밌었다. 주 6일, 9시간 근무 기준으로 90~120만 원 사이, 흔히들 말하는 '꿀보직'과는 정반대의 직종이었지만 그래도 좋았다. 커피를 제대로 해보고 싶다는 생각이 들었다.

원래 꿈은 방송 연출이었다. 초, 중, 고등학교 모두 방송반만 했고, 대학 전공도 영상연출이었으니 다른 꿈은 꿔본 적도 없는 셈이다. 커피로 전향하는 것에 고민이 컸다. 아버지 사업마저 한참 어려워졌을 때라 경제적인 부분에 대한 부담도 있었다. 학비를 집에서 도움 받기 어려운 상황인데다, 커피가 웬만해선 많은 돈을 벌 수 없는 직군인 것도 마음에 걸렸다.

뜻밖에도 부모님께서 지지 선언을 하셨다. 바리스타가 되고 싶다고 하자 선뜻 "정말 하고 싶으면 하라"는 답이 돌아왔다. 단, 몇 가지 조건이 있었다. 첫째, 커피를 제대로 공부할 수 있는 학교를 찾을 것, 둘째, 그 학교에 지원해서 합격하면 그때부터 시작할 것, 셋째, 커피로 돈 버는 것에서 끝날 거면 시작도 하지 말고, 좀 더 전문적으로 공부해서 교육자가 되는 것까지 목표로 삼겠다면 할 것.

잠까지 설쳐가며 매일같이 고민했다. 하지만 지금 선택하지 않으면 영영 못할 거 같았고, 그러면 끝까지 미련이 남을 거 같았다. 죽기 살기로 해보자 결심했다.

당신 커피, 별로예요

카페에서 근무한 지 얼마 안 됐을 때다. 한 단골손님께 커피를 만들어 드렸는데 고개를 갸우뚱하더니 "이 맛이 아니"라는 거다. 그러면서 선임 바리스타에게 직접 내려달라고 했다. 나름 단골들의 취향, 특징 등을 열심히 파악하고 외우고 있다고 생각했는데, 분명 배운 대로 똑같이 내렸는데, 왜 내 커피는 맛이 없다는 건지. 그 손님은 그 후로 올 때마다 나를 피했다. 내가 내리려고 하면 꼭 선임을 찾았다. 자존심이 너무 상했다. 저 손님을 꼭 내 손님으로 만들어야겠다고 생각했다.

"제 커피가 그렇게 맛없어요?" 선임에게 묻자, 손수 커피를 내려주며 내 커피와 비교해 보라고 했다. 맛이 달랐다. 분명 똑같이 추출했는데 내 건 텁텁하고 선임 건 깔끔했다. 늘 같은 맛이 나오도록 틈틈이 내 커피의 맛을 보고 연구해야 한다는 사실을 간과하고 있었다. 멋있고 능숙하게 추출하는 모습에만 신경 써온 내 모습이 한심하고 부끄러웠다.

그 손님 마음을 사는 데 네 달쯤 걸렸다. 올 때마다 내 커피를 따로 제공하며 맛을 비교해달라고 했다. 4개월이 지났을 무렵 드디어 "오, 비슷해요!"라는 평을 들었다. 점점 내 커피를 찾는 분들이 늘어났다. 다시는 맛없다는 소리를 듣지 말자고, 자부심을 가질 수 있는 커피를 만들자고 다짐했다.

운명은
내 편이 아닌가봐

야심차게 시작했으나 과정이 순탄치는 않았다. 한창 커피에 재미를 붙여갈 무렵 교통사고가 났다. 정신을 잃고 병원에 실려 갔다. 처음엔 그렇게 크게 다친 줄 몰랐다. 사장님께 3~4일 뒤면 퇴원하니 출근하겠다고 말씀 드렸으니까. 알고 보니 다리 근육을 감싸는 판막이 깨져 장기간 치료가 필요했다. 하루 종일 서 있는 직업인데 다리 부상이라니. 병원에서도 이 직업을 포기하라고 권유했다. 우울했다. 갑갑한 병원 생활이 6개월에 달했을 때, 울면서 알바했던 카페 사장님께 전화를 걸었다. 더 이상 못 버티겠다고, 하루 4시간씩만 일을 시켜달라고. 나에게 맞도록 특수 제작한 신발을 신고 일을 하되, 주기적으로 통원치료를 계속 받겠다는 약속을 하고서야 병원 생활을 청산했다. 다시 일을 하게 됐지만 너무 너무 아팠다. 어떻게든 버티자며 참았다. 여기서 무너지면 이도 저도 안 된다고 생각했다. 완치하기까지 꼬박 2년이 걸렸다.

또 한 번 부상이 찾아왔다. 프랜차이즈 카페 '할리스'에 신입으로 들어갔을 때였다. 생두를 직접 옮기는 과정에서 손목을 다쳤다. 요령을 몰라 힘으로

만 하다 보니 삼각연골인대가 손상된 거다. 하필 가장 중요한 손목이라니, 그것도 오른손을. 마우스 클릭조차 힘들었다. 한국 바리스타 챔피언십을 앞두고 있던 시점이었는데, 뭐 좀 해보려고 하면 시련이 닥치는 거 같아 눈물이 났다. 아프긴 했지만 포기하고 나중에 후회한다면 그쪽이 더 힘들 것 같았다. 깁스를 한 상태로 커피를 만들 수 있는 방법을 생각했다. 탬핑●할 손목 힘이 없으니 분쇄를 곱게 해서 몸에 힘을 실어 누르는 법을 연구했다. 다행히 본선에 진출했다. 나중에 안 사실이지만 깁스를 하고 무대에 오른 내 모습은 당시 심사위원들에게 다소 충격적이었다고 한다. '쟤는 뭔데 깁스까지 하고 대회 나와서 저러고 있나, 저 손으로 대체 어떻게 준비를 했나' 싶었단다.

그만큼 절실했던 거 같다. 커피를 하겠다고 원래 전공을 포기하고 편입까지 했겠다, 이제 와서 돌아갈 수도, 수능을 다시 볼 수도 없고. 그냥 주저앉기 싫었다. 남들보다 늦게 시작했으니 2배 더 노력해야 하는 건 받아들이자는 생각만 했다. 그런 절실함이 늘 밑바탕에 깔려 있었다.

● 에스프레소 추출 전 포터필터에 담겨진 분쇄된 커피를 다지는 행위. 탬핑 강도에 따라 물의 투과시간을 다르게 할 수 있으며, 그에 따라 맛이 달라진다.

사람이
재산!

돌이켜보건대, 혼자서는 절대 여기까지 못 왔다. 연말 시상식 수상 소감 같은가? 하지만 진심이다. 손목 부상으로 대회 기권을 고민할 때, 아직 예선까지 두어 달 남았으니 바로 포기하지 말고 상태를 지켜보라고 말씀해주신 건 나의 멘토 김재근 교수님이었다. 사실 교수님이 나가지 말라고 했어도 결국엔 나갔을 테지만, 마음을 다잡기까지 시간이 더 오래 걸렸을 거다. 교수님이 "후회 안 하겠냐"고 물었을 때 갈팡질팡 하던 마음이 딱 정리가 됐다. 그전 대회 때 교수님께 "내년에 꼭 이 무대에 오르겠습니다"라고 약속했던 기억도 도움이 됐다.

태국 커피 연수에서 교수님을 처음 만났다. 그때의 나는 나보다 어린 친구들과 수업을 듣다 보니 내가 좀 잘한다는 자만에 빠져 있었다. 그런데 태국에 연수 가서 커피 재배와 공정 과정 등을 보고 교수님과 대화를 나누다 보니 세상에 커피와 함께 긴 세월을 보낸 사람이 얼마나 많은지, 직접 경험해 보지도 않고 책에서 본 것만으로 아는 척하는 게 얼마나 우스운 일인지 깨달았다. 그리고 진로를 구체적으로 어떻게 그려가야 하는지에 대해서도 조언을 많이 받았다. 그때부터 교수님을 멘토로 모셨고, 덕분에 다른 많은 교수님과 선배님들을 커피 멘토이자 인생의 멘토로 모실 수 있게 됐다.

바리스타라는 직업이 국내에서 아직 낯설었을 때 나를 믿고 지지해주신 부모님도, 처음 알바를 시작했을 때 내 커피 맛과 커피를 대하는 자세에 대해 코칭해 주신 선임님도 모두 내가 이만큼 성장하는 데 결정적인 영향을 미친 분들이다.

　그분들에게 받은 것들을 후배와 제자들에게 갚으려고 노력한다. 부끄럽지 않은 선배, 선생님이 되려고 한다. 꾸준히 대회 나가는 이유도, 다양한 방면으로 열심히 활동하는 것도 그런 이유다. 나에게 배운 사람들이 어디 가서 "박솔탐이나 선생님께 배웠어요" 했을 때, "그 사람 별론데"라는 소리는 듣지 않아야겠다고 생각한다. 열정적인 모습을 자꾸 보여줘야 나와의 인연을 뿌듯하게 생각하고 자부심도 가지지 않을까 한다.

가장 잘하고 싶은 한 가지,
그래도 커피

커피라는 분야 안에서도 다양한 길이 있지만, 결국 내가 좋아하고 가장 잘하고 싶은 한 가지는 '맛있는 커피를 만드는 것'이다. 할리스에서 일한 지 3년쯤 됐을 때, '스위트페이지'란 회사에서 스카우트 제의가 들어왔다. 커피 업계치고는 연봉 조건도 꽤 좋은 편이었고, 대외활동이나 강의 일정도 배려해주겠다고 해서 옮겼다. 그런데 5개월 만에 그만두고 나왔다. 그곳에서의 업무는 메뉴를 개발하고 교육하는 것이었다. 어찌 보면 재밌고 여유롭게 일을 할 수 있는 환경이었지만, 결국 '커피' 자체가 메인이 아니다 보니 늘 목이 말랐다. 커피 메뉴 개발이라고는 하지만 커피 자체를 잘 만드는 게 주가 되는 것과, 시럽과 소스 등이 주가 되고 커피는 부가 되는 것에는 큰 차이가 있었다.

　고민이 컸다. 안정을 택하면 내 꿈이 더 멀리 달아날 거고, 모험을 택하면 불안정해서 감당이 안 될 거 같았다. 하지만 결국, 당장의 안정 때문에 스스로를 속이지는 말아야겠다는 생각과 함께 바로 결심이 섰다. 최소 3년은 배고픈 생활을 하자고 각오했다. 다행히 곧 강의 자리가 생겼고 요즘은 강의에 나가 제자들을 보면 정말 행복하다. 천생 커피 연구하고 애들 가르치면서 살아야겠다 싶다.

몰두하는
삶

커피에 집중하고 사느라 연애, 여행, 유흥 같은 것들과 거리가 먼 20대를 보냈다. 연애는 남들만큼 많이 하진 못했고, 유흥은 자기 관리 차원에서 일부러 멀리했다. 여행은 좀 더 해둘 걸 그랬다는 생각은 가끔 한다. 그래도 아직은 후회가 없다. 지금 가장 잘하고 싶은 한 가지에 몰두할 수 있어 좋다. 스물셋의 나보다 커피를 시작한 스물넷의 내가 좋았다. 작년보다 올해가 좋다. 그리고 올해보다는 내년이 더 좋을 것이다.

지하철에 이상한 사람 있어요

국가대표 선발전을 준비할 때, 지하철 안에서 연습을 하곤 했다. 오른손을 혹시 못 쓰게 되는 상황이 오면 왼손으로라도 해야 하니까 양손에 피처*를 들고 흔들며 연습했다. 사람들에게 피해주지 않으려 구석에 서서 연습을 한창 하고 있는데 갑자기 노량진 역에서 공익근무요원이 타더니 내리라는 거다. 지하철 역사 사무실로 끌려갔다. 알고 보니 누가 지하철 안에 이상한 사람이 있다고 신고를 했단다. 웬 남자가 양손에 스테인리스 주전자를 들고 흔들고 있으니 이상해 보이긴 했을 거다. 어쩌면 피처가 흉기로 보였는지도. 신분증 보여주며 라떼아트 대회 핸들링 연습 중이었다고 사정을 설명한 뒤 한 차례 설교를 듣고 풀려났다. 이제 다시는 안 그런다.

마음을 담아 커피 내리는 남자

내 좌우명이다. 일본 여행 갔을 때 만난 바리스타에게 영감을 얻었다. 오래된 카페에 갔더니 나이가 지긋하신 사장님이 "오늘 점심은 뭐 먹었는지, 평소 어떤 맛을 좋아하는지, 농도는 어떻게 해주는 게 좋은지" 물어보셨다. 그러고 나서 "우리가 갖고 있는 원두는 이런 게 있고, 당신이 찾는 그 원두는 없지만 이런 걸로 드셔보시겠냐"고 덧붙이셨다. 충격이었다. 그날의 기분이나 평소 좋아하는 스타일까지 파악한 뒤에 제안하는 커피 한 잔이라니. 이렇게 배려하는 마음으로 커피를 내리면 어디 가서 맛없다는 소리는 안 듣겠다 싶었다. 그 뒤로 일생의 좌우명처럼 늘 곱씹으며 살고 있다.

* 라떼아트 할 때 사용하는 스테인리스 주전자 종류

박솔탐이나의 TIP

하고 싶다면
프랜차이즈 경험부터

-

정말 커피를 하고 싶다면 프랜차이즈 카페에서 최소 6개월 정도 일해보라고 조언한다. 프랜차이즈 카페는 시스템이 잘 짜여 있고 규율이 엄격하다. 조직 구조가 체계적이고 수직적이다. 그래서 자존심 상하는 말도 많이 듣는다. 한창 바쁠 때 바 안의 상황은 굉장히 분주하고 예민하다. 그럴 때 실수를 하거나 일 처리가 늦어지면 "하지마, 뒤로 빠져", "가서 설거지해, 나와" 이런 말을 듣기 일쑤다. 그런 걸 감수하면서도 일이 즐겁고 좋다면 그때 본격적으로 시작해보라는 것이다. 이 바닥이 워낙 힘들기 때문에 간절함이 있어야 버틴다. 카페 사업 하겠다고 찾아오는 분들에게도 항상 하는 얘기다. 일단 알바부터 6개월 해보라고. 그래도 하겠다고 한다면 그 때는 뭐든 도와주고 지원해주겠다고 한다.

나도 프랜차이즈 카페를 무시했던 사람 중 하나다. 처음 알바를 프랜차이즈에서 했기 때문에 잘 안다고 생각했는데 할리스 커피 입사하고 3년간 일하면서 정말 많이 배웠다. 체계적으로 일하는 것, 사회생활 등 값진 경험을 많이 할 수 있다. 모진 수모를 당하거나 억울한 루머가 생기는 경우도 있는데 그런 경험 하고 나면 밖에 나와서 자립할 때 도움이 많이 된다. 타인에 대한 예의, 근면성실, 해보겠다는 마음가짐 등, 커피를 하면서 필요한 자세들을 배울 수 있다. 직장 경험, 굉장히 중요하고 도움이 많이 된다.

좋은 멘토를
가까이 두는 법

-

좋은 멘토와 관계를 이어가는 방법은 두 가지다. '대가를 바라지 않고, 자주 찾아뵙는 것'이라고 생각한다. 내가 뭔가를 도와드린다고 해서 이만큼 해주시길 바라지 말 것. 커피 업계에서는 나에게 배운 제자가 더 큰 조직의 높은 자리에 올라가는 등 위아래가 바뀌는 경우도 많다. 그러고 나면 자신이 처음 배우던 시기를 망각하는 사람도 많고. 그리고 나의 경우는 교수님들께 아직도 일주일에 한 번 정도는 연락을 드린다. 스케줄이 바빠져도 자주 인사드리고 감사한 마음을 전하는 것은 관계의 베이스가 된다.

박솔탐이나가 말하는
'바리스타'가 하는 일

–

바리스타는 '바 안에서 커피를 만들어주는 전문가'를 뜻하며 이제는 우리에게 아주 친숙해진 직업이기도 하다. 커피와 관련된 직업에는 생두의 품질을 평가하고 커피 맛과 향을 감별하는 커피 감별사, 수없이 다양한 생두의 맛과 향을 가장 잘 살리는 로스팅을 연구하는 로스터 등 생각보다 다양한 분야가 존재한다. 그러나 대다수 카페에서는 생두를 고르고 로스팅하는 것부터 다양한 원두로 커피를 내리는 일까지 모든 과정을 바리스타가 책임지고 있는 경우가 많다.

www.vingle.net/tomeina
www.facebook.com/Barista.Sol

Case 06

공 준 식

현재 직업 '글로우데이즈(화장품 리뷰 앱 '글로우픽')' 대표이사
덕질 분야 웹/모바일 앱 서비스 기획
빙글 계정 www.vingle.net/glowpick

"세상이 정해놓은
길이 아닌 내가
만들어가는 길이 좋다"

"내가 몰입할 수 있는
일을 찾으면
인생이 윤택해진다."

○

이직률 0%, 아직 단 한 명도 퇴사하지 않았다.
일이 재미있는 회사를 만들고 싶다.
물론 월요병은 직장인의 숙명인지도 모른다.
하지만 최소한 회사에 출근하는 게 싫지만은 않다면,
스스로 하는 일에 자부심과 유쾌함을 느낄 수 있다면,
삶은 더 윤택해질 것이다.
즐거움을 찾을 때까지 수없이 경험해보자.
그리고 하나의 즐거움을 찾으면 한 번 깊이 빠져보자.
덕업일치는 거기서부터 시작된다.

○

덕업일치 연보

2005년	사진병으로 군 입대
2007년	조선일보 미디어 전략실 계약직 입사. 사진부 및 자회사 '티씨엔미디어' 업무 공동 수행
2008년	조선일보 자회사 '티씨엔미디어' 정직원 입사. 디지털콘텐츠를 활용한 신규서비스의 기획 및 마케팅 업무 수행
2010년	토픽 기반의 SNS 'FLAPON.COM'의 창업 멤버로 합류. 미국으로 건너감. 서비스 기획 총괄 및 마케팅 업무 수행
2011년	리워드 앱 서비스 '긁어부스럼' 전략기획팀장으로 합류
2012년	화장품 정보 검색 앱 '글로우미' 런칭. 자금난 해결을 위해 앱 소프트웨어를 개발하는 '베네피션' 전략기획팀장 자리에 일시적으로 합류
2013년	'글로우데이즈' 창업. 동시에 화장품 리뷰 앱 '글로우픽' 런칭. 현재까지 운영 중

IT는 1도 모르는
문돌이 출신이라구요…

속칭 '땡보직'이라 불릴 만큼 편안한 자리로 입대한 것에서부터 이야기를 시작할 수 있겠다. 행사가 있는 날엔 사진을 찍고 평소에는 사무실에서 간부들의 문서업무를 도와주는 일을 하는 사진병으로 들어갔다. 덕분에 자유시간이 제법 있었는데 주로 마케팅 서적을 읽으며 시간을 보냈다. 어쩌다 사무실 한편에 꽂혀 있던 마케팅 책 한 권을 재미있게 본 것이 발단이었고, 제대하기 전까지 읽은 것이 어느새 100여 권을 넘겼다.

브랜드를 만들어가는 과정은 무척 매력적이었다. 코카콜라가 '그냥 탄산음료'에서 '누구나 알고 대다수가 즐기는 음료'로 발전해 나가는 과정이 짜릿했다. '콜라' 하면 '코카콜라'를 떠올리도록 만드는 것이 결국 소비자를 설득하는 과정이란 걸 알게 됐다. 나도 사람들이 좋아할 수 있는 것, 사람들의 마음을 움직일 수 있는 걸 만들겠다고 생각했다.

제대 후 마케팅과 관련된 일을 해보고 싶어 몇 군데 지원했지만 잘 풀리지 않았고, 결국 사진 경력을 살려 조선일보 자회사에 입사했다. 조선일보의 콘텐츠를 가지고 신규사업을 하는 회사였고 거기서 '뉴스뱅크이미지'라는 사이트를 운영하는 일, 정확히는 사이트에 있는 사진을 가지고 콘텐츠를 만드는 일을 맡았다. 당시 뉴스뱅크이미지는 13개 언론사가 보유한 사진 DB를 모아 콘텐츠로 판매하는 곳이었고 삼십만 건이 넘는 보도사진 데이터가 쌓여 있었다. 그것들을 재밌는 주제로 묶어서 짤막한 캡션을 달아 내보내곤 했다. '오빠들을 설레게 하는 미녀 스포츠 스타 모음' 같은 식으로.

어느 날 회사에서 아마추어 사진가들이 찍은 스타들의 사진을 판매할 수 있는 서비스를 만들어보자는 얘기가 나왔다. 사용자 커뮤니티 베이스지만 유통까지 할 수 있는 형태로, 나보고 맡아서 진행하란다. "저…… 신방과 전공에 사진 좋아하고 마케팅 수업만 열심히 듣던 문돌이 출신인데요……." 그때의 나는, 살면서 IT분야 일을 할 거라고는 단 한순간도 생각해본 적이 없었고, 웹 기획의 기본인 스토리보드를 어떻게 만드는지조차 몰랐다. 그냥 맡은 일은 열심히 하니까 시킨 것 같았고, 나는 또 그걸 덥석 맡았다.

혁신적인 시도를 할 수 없는 회사

"가관이다!" 처음 만든 기획안을 본 개발팀 팀장님 말씀이었다. 회사에 가르쳐 줄 사수는커녕 웹 기획자라는 존재 자체도 없어 생초보가 혼자 끙끙대며 만들었으니 그럴 수밖에. 그런데 희한하게도 이게 되게 재밌었다. 사용자가 우리 서비스에 들어와서 어떻게 이용하고 움직이는지를 고민하고, 또다시 들어와 이용하게끔 만드는 과정이 내가 하고 싶던 마케팅이랑 일맥상통했다. 이왕 하게 된 거 정말 잘하고 싶어졌다.

혼자 스터디를 시작했다. 아침에 출근하면 점심까지 해외 IT매체 뉴스를 샅샅이 뒤지며 읽었다. 거기 소개된 서비스는 모조리 가입하고 써보고 블로그에 기록했더니 어느새 천 개가 넘었다. 그때만 해도 국내에서는 스마트 디바이스나 웹/모바일 서비스에 관심이 없을 때였는데, 나는 1년 만에 어떤 카

테고리에 대해서도 해외의 유명 서비스를 줄줄이 읊을 만큼 전문가가 됐고, 단순히 DB를 관리하는 직원에서 서비스 기획을 제법 할 줄 아는 '기획자'로 변신해 있었다.

문제는 이렇게 키운 전문성을 제대로 써먹기엔 환경이 받쳐주질 않았다. 스마트폰 보급으로 세상은 빠르게 변하고 있는데 나는 신문사라는 보수적인 조직에서 한정된 기획만 하고 있다는 생각이 들었다. 이 안에서는 잘한다는 소리를 들을지 모르겠지만 밖에서도 내가 경쟁력이 있을지 의구심이 들기도 했다. 혼자서 사람들이 필요로 할 만한 서비스를 기획해보기 시작했다. 개발 해줄 사람도 없고 회사에 제안할 것도 아니었으니 혼자 꿈꾸고 혼자 만들어 보는 것뿐이었다.

어느 날 미국에서 런칭할 서비스를 준비하고 있다는 팀을 소개받았다. 서비스 기획자로서 정석대로 커리어를 밟아온 경력자들과 국내 유수의 대학을 졸업한 엘리트가 모인 팀이었다. 게다가 당시 '스타트업'이란 개념조차 생소했던 한국이 아닌, 미국 실리콘밸리로 진출할 팀이라는 말에 마음을 빼앗기고 말았다. 어른들이야 광화문으로 출근하고 신문사 뱃지 달고 다니니까 좋아했지만 내가 계속 있을 자리는 여기가 아니라 저 멀리라는 생각이 들었다. 그렇게, 세상이 닦아놓은 탄탄대로를 버리고 나의 오프로드로 떠났다.

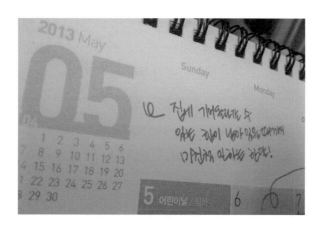

내 뜻을 펼칠 수 없는
회사

미지의 오프로드를 환상적인 탄탄대로로 탈바꿈시키리라는 꿈은 몇 달도 안돼 깨졌다. 미국에 가긴 갔는데, 그곳엔 나 혼자였다. 처음 같이 떠났던 팀원들 대부분이 금방 그만두는 바람에 대표와 둘만 남았던 것이다. 혼자 사무실을 지키며 일할 때가 많았다. 오죽하면 하루 종일 내가 뱉는 영어라곤 점심 주문을 위해 쓴 "Can I get a sandwich?" 이 한마디가 다였을까.

대표와 많이 싸웠다. 경영자인 그와 실무를 병행하는 나는 이 사업에 대해 궁극적으로 바라보는 비전이 많이 달랐다. 내 기획의 방향성에 대해 반대하는 일이 많았다. 게다가 당장의 수익모델이 없다면 투자라도 받아야 하는데 낯선 땅에서 한국인이 투자를 받기란 쉽지 않았다. 나는 어떻게든 소규모 투자라도 받으며 사업을 유지하고 키워가길 원했지만 대표 생각은 달랐다. 결국 6개월 만에 사업을 접기로 결정했다. 내가 할 수 있는 건 아무것도 없었다.

기획뿐 아니라 서비스 운영과 마케팅까지 내가 직접 운영한 서비스다. 미국 IT 전문 매체에 오르내린 것도 여러 번, 사용자도 제법 모았고, 팬덤도 있는 서비스였다. 어느 날 갑자기 서비스가 중단되자, 개인 메일로 서비스 왜 닫았냐는 문의가 들어오곤 했다. 하나부터 열까지 내 손 안 닿은 곳 없는 자식 같은 느낌이었는데, 커가는 걸 보면서 행복하고 뿌듯했는데, 한순간 사라지게 되자 마음이 많이 아팠다.

완전히
망해버린 회사

비록 금의환향을 하진 못했지만 한 번 맛들인 IT 스타트업의 세계를 떠날 수 없었다. 그래서 세 번째 회사, 내 손길이 닿으면 훨씬 많은 성장을 할 수 있을 것 같은 서비스, 그래서 내 실력을 인정받을 수 있는 곳을 선택했다. 우리 서비스는 당시 한창 인기를 끌었던 리워드 서비스● 중 하나였는데, 사실 언제 침몰한다 해도 전혀 이상하지 않을 만큼 상황이 심각했다. 내 전문성과 능력을 발휘하면 원래 이 서비스가 가졌던 좋은 비전을 향해 가는 데 일조할 수 있을 거라 생각했지만 상황은 계속 나빠졌다. 수익이 없는 상태에서 투자마저 지지부진했다. 한 달, 두 달씩 밀리던 월급은 어느새 거의 1년 치가 됐다. 사무실 유지비용도 내기 힘들 정도였다.

게다가 대표는 욕설 섞인 화를 밥 먹듯 내는 사람이었는데 사업이 어려워지자 성질도 나날이 사나워졌다. 직원들이 모두 떠나고, 대표를 제외하곤 나 포함 세 명의 직원만이 남았다. 둘마저 그만둔다고 했을 때, 내가 잡았다. "어차피 회사는 망할 거다, 그리고 우리 커리어도 이미 망칠 대로 망쳤다, 지금 나가나 완전히 망하고 나가나 마찬가지니까 우리 나갈 때 나가더라도 어떻게 망하는지 어디 한 번 끝까지 지켜보고 나가자." 회사가 성공하는 법을 배우지는 못했어도, 망하는 과정을 모두 지켜보고 나면 그래도 뭔가 얻는 건 있지 않겠냐는 생각이었다. 이미 모아뒀던 비상금은 다 쓴지 오래, 주변 사람

● 물건 구매 등 특정 행위를 하면 포인트가 쌓여 이용자에게 혜택을 되돌려주는 서비스.

에게 안 좋은 소리도 많이 들었고 자신감은 바닥까지 추락한 상태였다. 또다시 겪어야 하는 실패가 너무 혹독하게 느껴졌다. 그럼에도 기왕이면 끝을 보자는 오기 같은 게 마음 한구석에 자리 잡고 있었다.

왜 실패마저
남에게 의지를 하지?

이 업계에 들어선 뒤, 단 한 건의 성공도 없다는 사실이 참담했다. 나 기획 좀 한다고, 아마 우리나라에서만큼은 내가 톱일 거라고 스스로를 인정하고 싶은데 막상 성공해본 적은 없었다. 어느 순간 그 원인을 대표에게, 회사에게 돌리고 있는 나를 발견했다. 첫 번째 회사는 너무 보수적이라 문제, 두 번째 회사는 나를 인정해주지 않아서 문제, 세 번째 회사는 경영을 못해서 문제……. 이래서 문제, 저래서 문제, 그들이 내 인생을 망쳤다고 생각하고 있었다. 내 인생인데, 뭐가 잘못되더라도 내 탓이어야 하는 거 아닌가. 왜 실패마저 남에게 의지를 하지? 여기까지 생각이 미치자 떠오르는 건 단 하나였다. 내 사업을 하자. 지난 세 번의 실패를 통해 배우고 깨쳤던 것들을 곰곰이 되씹어 봤다. 내 회사는 어떤 회사여야 할까 상상해 봤다. 성공에는 정답이 없으니 모르겠지만, 최소한 회사가 어떻게 돌아가야 하고 어떻게 하면 직원들이 즐겁게 일할 수 있을지, 직원들에게 어떤 가치를 부여해줘야 할지에 대해서는 알 것 같았다. 그리고 내가 그랬듯, 함께 하는 직원들 모두가 주인이 될 수 있는 회사를 만들어야겠다고 결심했다.

이직률 제로,
일이 유쾌한 회사

그 망한 회사에 마지막까지 함께 남았던 두 사람과 새로운 사업을 도모했다. 그게 지금의 화장품 리뷰 어플 '글로우픽'이다. 화장품 시장은 그 규모에 비해 제품에 대한 정보의 양이 부족하고 불균형도 심하다. 극소수의 정보 생산자가 전체 소비자를 좌우하는 특이점을 갖고 있다. TV 뷰티 프로그램에 한 번 나오면 모두가 그것만 사는 식이다. 정말 좋은 제품을 만들고 판매하는 작은 회사들도 많은데 살아남기가 굉장히 어렵다. 우리가 할 수 있는 일을 해서 이 구조를 조금이라도 바꿔보고 싶었다. 대한민국에 존재하는 모든 화장품에 대한 정보를 한 곳에 모으고 누구나 원하는 타입의 화장품을 확인하고 찾아볼 수 있도록 하는 게 첫 번째 목표, 그리고 솔직한 리뷰들이 모여 진짜 좋은 화장품을 가려내고 추천할 수 있는 앱이 되는 것이 다음 목표.

다행히 이제 어느 정도 자리를 잡아가고 있다. 현재까지 글로우픽에 쌓인 리뷰만 총 70만 건, 하루 3천 개 이상의 소비자 리뷰가 올라오며 화장품의 옥석을 가려내는 역할을 한다. 이름 없는 소규모 회사의 화장품이지만 정말 좋은 제품은 랭킹 1위로 올라서고, 누구나 아는 판매 1위의 화장품도 자본력을 통해 성장했을 뿐 실제 제품은 별로일 경우 하위로 떨어진다. 시장의 선순환과 공정 경쟁에 어느 정도 기여를 하고 있는 셈이다.

내 사업을 시작한 지 이제 3년, 이 일을 구상한 뒤 처음 만들었던 앱은 개발자가 없어 접었고, 정부 자금을 받기 전까진 돈이 없어 일시적으로 모든 것을 멈추고 각자 다른 회사에 취직해 돈을 벌기도 했다. 이미 자리를 잡은 다른

스타트업에서 스카우트 제의가 들어와 흔들렸던 순간도 여러 번. 그 와중에 18,000개에 달하는 화장품 정보를 일일이 입력하고 데이터를 쌓는 일을 멈추지 않았다. 조금씩 투자가 들어오고 성장을 거듭하고 있는 지금, 아직 성공이라 부르기엔 갈 길이 너무나 멀지만 나는 매일이 행복하다.

처음 마케팅 공부할 때 생각했던 것처럼, 사람들의 삶을 조금 더 윤택하게 만들어줄 수 있는 서비스가 됐으면 좋겠다. 그러려면 우리 스스로 유쾌하게 일할 수 있어야 한다. 아직까지 우리 회사는 이직률 0%다. 인턴이나 알바로 잠시 머물렀던 사람들을 제외하고, 제대로 계약하고 입사한 친구는 한 명도 퇴사하지 않았다. 일이 재미있는 회사를 만들고 싶다. 월요병이 직장인의 숙명일 수도 있겠으나, 출근하는 게 싫지만은 않은 회사, 자기가 하는 일과 회사에 대한 자부심을 스스로 느낄 수 있는 회사였으면 한다.

어디에서든 배울 점은 있다

내 약점 중 하나는 '독기가 없다'는 거였다. 사람이 너무 무르다는 이야길 많이 들었는데, 다행히(?) 세 번째 회사를 거치며 독기를 좀 배웠다.

앞서 언급했듯, 그 회사의 재정 상태는 한 달에 몇 만 원 하는 정수기 대여료 하나 제대로 못 낼 만큼 심각했다. 일하는 도중에 차압 딱지가 붙은 적도 있고 깡패 같은 사람들이 빌려간 돈을 내놓으라고 사무실에 들이닥치기도 했다. 드라마에서나 보던 상황이 눈앞에서 일어났다. 놀라웠던 건 최악의 상황에서도 언제나 태연한 대표의 모습이었다. 돈 내놓으라고 악을 쓰며 들어온 사람들이 대표님을 만나고 나갈 땐 고맙다고 인사를 하며 나갔다. 대담하고 화술이 뛰어난 사람이었다. 좋아하거나 존경할 만한 사람은 아니었지만 배울 점은 있었다. 회사는 언제든 위기가 닥칠 수 있다. 여기서 멘탈이 약한 사람들은 바로 무너지고, 강한 사람은 어떻게든 버텨서 기회를 본다는 걸 배웠다. 그 사람은 결국 추락했지만 어쨌든 버티는 것의 중요성을 깨달았다.

나는 보수적인 회사, 자율적인 회사, 깡패 같은 회사를 차례로 거쳤다. 셋 모두 장점이 있었다. 보수적인 회사에서는 일하는 프로세스와 사람 대하는 법을 배웠다. 자유로운 회사에서는 경력과 나이에 상관없이 토론할 수 있고 진취적인 의사결정을 할 수 있지만, 서로 동등한 입장에만 있다 보면 누구 하나 컨트롤할 수 없는 단점이 생긴다는 걸 배웠다. 깡패 같은 회사에서는 통제가 안 되는 상황에서 필요한 강한 카리스마를 지켜봤다.

결국 중요한 건 '성공이냐 실패냐'가 아니라 '경험으로부터 무엇을 배우느냐'인 것 같다. 지난날의 실패가 나를 성장시켰고, 지금 이 순간의 크고 작은 시행착오들이 더 나은 나의 미래를 만들 거라 생각한다.

공 준 식 의 **TIP**

수능 1등급 아니었어도
즐거운 인생은 가능하다

–

스펙이나 타이틀로 인생을 결정짓지 않았으면 한다. 그럴듯한 회사에 문어발식으로 이력서를 넣으며 진로를 결정하려 한다면 붙어도 문제, 떨어져도 문제인 것 같다. 한 번 들어가 몇 년을 다니고 나면 다른 인생을 선택하기 어려워진다. 힘들게 들어가서 적성에 안 맞으면 그땐 어쩌나. 인생 더 힘겨워질 뿐이다.

조선일보 계약직으로 들어갔을 때, 나는 아직 학생이었다. 빨리 사회생활을 경험해보고 싶어 제대하자마자 서둘렀다. 빨리 부딪쳐봐야 이 길이 맞는지 아닌지 알 수 있으니까, 앞뒤 재지 않고 들어갔다. 그 바람에 마지막 학기는 사이버 강의로 채워 간신히 졸업했다. 그 흔한 토익 시험에 응시조차 한 번 안 해봤다. 하지만 대학 4년 공부한 것보다 사회생활 4개월에서 더 많이 배웠고, 사회생활 4년보다 창업 4개월에서 배운 게 더 많다. 내가 몰입할 수 있는 일을 찾는 게 중요하지 세상이 반드시 해야 한다고 규정지어 놓은 어떤 과정을 끝내는 게 중요한 것 같지 않다. 지금 갑자기 대학을 뛰쳐나와 창업을 하란 이야긴 아니다. 다만, 취업이든 창업이든 연봉조건이 좋다고 해서, 혹은 뭐가 인기라고 해서 선택한다면 힘든 순간을 버틸 수 없다. 내 지난 경험에 비춰보면 책상 앞에만 앉아 있는 사람에게 '즐거울 수 있는 일'이란 절대 찾아오지 않는다. 즐거움을 찾을 때까지 수없이 경험해 보자. 그리고 하나의 즐거움을 찾으면 한 번 깊이 빠져보자.

창업을 한다면 해당 분야에 대한
전문성은 필수

–

나는 '코덕'*은 아니었다. 화장품을 잘 사지도 않고 쓰지도 않는다. 하지만 현재 글로우픽에 등

록되어 있는 35,000개 화장품 중 내 손으로 입력한 화장품이 15,000개 이상이고, 하루에 읽는 화장품 리뷰만 수천 개다. 이제는 어머니도, 여자친구도 내 추천 없이는 화장품을 사지 않을 정도로 해박하다. 화장품 사업을 하기로 마음먹은 이상 그에 대한 전문성은 필수였다.

마케팅을 좋아했듯, 스타트업에 중독됐듯, 화장품 사업을 하면서 나는 화장품에 빠져들었다. 투자도 받았고 직원도 스무 명 가까이 되고 50만 명 넘는 사람들이 사용하는 서비스를 만드는 회사의 대표지만, 성공이라 부르기엔 아직 미미하다. 아니, 성공인지 아닌지는 중요하지 않다. 내 머릿속에 그려놓은 화장품 사업이 100이라면 아직 30까지밖에 실행하지 않았다.

덕질의 기본은 즐거움이다. 하루 16시간씩 화장품만 생각하며 살지만, 매일 즐겁고 매일 새롭기에 나는 스스로 덕업일치를 이뤘다고 자부한다.

www.vingle.net/glowpick

www.glowpick.com

● 코스메틱 덕후(화장품 덕후).

Case 07

클　로　이 (필명)

현재 직업　칼럼니스트 겸 방송작가
덕질 분야　섹스·연애 스토리
빙글 계정　www.vingle.net/jschloe

"하고 싶어?
그럼 당당하게 하자"

"선택의 이유는 단순했다.
재밌어서, 하고 싶어서!
다른 뭐가 더 필요한가?
당당하게 하면 되지."

○

나는 '야한 얘기 좋아하고, 야한 얘기 잘 쓰는 애'였다.
그걸로 먹고 살 줄은 아무도 몰랐겠지.
남들의 오해를 살 수도 있고,
어른들은 눈살 찌푸릴 수도 있는 직업이지만 뻔뻔해지기로 했다.
나는 평범한 사람이고, 공부 잘했고,
성장과정에 굴곡이 있어서 이 일을 하는 것이 아니다.
그냥 내가 잘 할 수 있고 재밌어하는 일을 할 뿐이다.

○

덕업일치 연보

2009~2013년	대학시절. 남녀관계에 대한 흥미를 느끼며 글 쓰기 시작
2013년 12월	모 월간 여성지에서 일하는 지인의 부탁으로 한 달만 섹스 칼럼을 쓰게 됨
2013년 2월	섹스 칼럼의 반응이 좋아 고정 연재
2014년 11월	20대다운 달콤한 연애담도 쓰고 싶은 마음에 모 일간지 대학생 칼럼에 응모. 지면에 수록
2015년 2월	모 방송사 다큐멘터리 프리랜서 방송작가로 일하기 시작
2015년 7월	빙글에 '19금 청춘 연애 칼럼' 연재 시작

하고 싶은지 아닌지,
그거 하나만 알면 되잖아

대학교 4학년 때 처음으로 글을 써서 돈을 벌었다. 한 잡지에 나가는 섹스 칼럼이었다. '땜빵'으로 급하게 써준 글이었는데 반응이 좋았다고 고정 연재물을 맡게 됐다. 그러다 온라인 사이트에서도 또 다른 연재를 하게 됐다. 내가 재밌어하는 이야기를 썼는데 사람들이 '좋아요'를 눌러주고 공감한다는 댓글이 달리면 그렇게 좋았다. 더 이상 취업을 고민하지 않고 칼럼니스트가 되기로 결심했다. '그래, 나는 엑셀도 잘 못하고…… 무슨 회사냐…… 재미없을 거 같아. 재밌는 거 하자.' 결심은 쉬웠다. 돈 문제가 조금 걸리긴 했는데 용돈 쓸 정도는 글 써서 벌 수 있었고, 20대는 꼭 돈이 많아야 되는 나이는 아닌 거 같았다.

"제도권 안에 들어가지 못한 사람만
특이하고 재밌는 직업을 할 거라는 생각은 편견이다.
성장과정에 굴곡이 있어서 이 일을 하는 것이 아니다.
나는 평범한 사람이고, 공부도 잘했다.
그냥 재밌고 좋아서 한다.

대기업 가는 친구들도 자기가 좋아하는 일이 따로 있다.
현실적인 선택을 하느냐 아니냐의 차인데,
장기적으로 봤을 때 뭐가 더 현실적일지는 모르는 거다.

그 친구들 중에 회사나 일이 정말 좋아서 하는
사람 얼마나 있을까, 모 유통업체 다니는 친구는 요즘 마트에서
바나나 진열한다고 푸념하더라. 전혀 행복하지 않다고.

당장의 안정성을 포기한 대신,
사표를 품에 안고 출근하지는 않는다."

마음을 활짝 열자,
그리고 당당해지자!

"나의 장점이자 단점은 명확한 철학이 없다는 것이다.
그래서 글을 쓸 때도 독자를 굳이 설득시키려 하지 않고
'나는 이런 게 좋은데, 어때요?'라고 묻는 편이다.
이 일을 하려면 많은 부분에서 열린 마음을 가져야 한다.
나와 다른 성향, 가치관에 대해서도
'취향 존중', '그럴 수도 있지'가 깔려 있다."

"또 하나, 당당해야 한다. 내가 쓴 글을 남들한테
보여준다는 건 생각보다 훨씬 큰 용기를 필요로 하는 일이다.
다른 사람들 반응에 일희일비한다면 부끄럽고 괴로워서
벌써 죽었을 거다. 나도 매일 습작을 쓰고는 꽁꽁 숨겨두는
사람 중 한 명이었다. 내 글에 대해 싫어하거나 반대 의견을
거칠게 표하는 사람은 얼마든지 있을 수 있다.
그럴 때 댓글 달아가며 매번 싸울 수도 없고.
개방적인 마인드와 함께 '그래, 싫을 수도 있지' 하는
약간의 참을성도 필요하다."

블라인드 섹스

아무 것도 보이지 않는다. 차가운 것이 가슴 위로 떨어졌다. 무언가 부드럽고 차가운 것이 입술을 지나 목덜미로, 목덜미를 지나 가슴 골로 내려간다. 이건 입술, 그래 입술이다. 얼음을 머금고 있어 차갑지만 또 뜨겁고 부드러운 그의 입술이다. 더 아래로 내려진 그의 입술이 자꼽 근처에서 맴돈다. 낯다른 자극에 그녀의 신음

○ 92K　　♥ 95　💬 65　◎ 0

딸의 남자, 아들의 여자

장래의 배우자에 대한 탐색 이미지(이상적 배우자)를 묘사한 머릿속 그림을 우리는 매우 어릴 때, 출생 직후부터 여섯 살 사이에 발달하기 시작한다. 탐색 이미지는 우리가 가장 자주 보는 이성으로부터 큰 영향을 받는다. 따라서 사람들은 대부분 부모, 형제, 어릴 적 친구를 기준으로 탐색 이미지를 형성한다.

○ 510K　　♥ 286　💬 230　◎ 27

섹스의 자유, 책임지지 못할 일

누군가의 겨울이자 봄날이, 슬픔을 치유하는 안식처이자 세상으로 나갈 용기를 주는 친친기지.

○ 41.9K　　♥ 55　💬 17　◎ 8

피임의 역사

섹스는 자유지만 책임이 따른다. 섹스를 최대한 자제해야 한다는 금욕주의가 무조건 옳다는 건 아니다. 하지만 섹스 후에 오는 심리적, 물리적 여파가 결코 무시해도 좋을 만큼 가볍지 않기 때문에 늘 조심해야 한다는 것이다. 그 중에서도 가장 큰 책임은 무엇보다 새로운 생명의 잉태이다. 준비되지 않은 부모란 부모 본인에게나

○ 41.5K　　♥ 44　💬 29　◎ 7

몸 정, 이별의 또다른 국면

오랫동안 연애를 하다 헤어진 병훈과 희종. 우연히 마주쳐 술 한잔을 하게 된다. 분명 이 얘기, 저 얘기를 추억하며 와인을 마시고 있었는데, 문득 정신을 차린 희종은 병훈과 키스하는 자신을 발견했다. 당황한 그녀는 황급히 그를 밀친다.

"이건 아니다."

○ 37.4K　　♥ 47　💬 36　◎ 2

수컷에서 아버지로

약6백만 년 전 인류의 조상이 침팬지 및 보노보와 갈라질 당시만 해도 아비의 부살림은 존재하지 않았다. 따

○ 190K　　♥ 167　💬 74　◎ 16

Make Up Sex

"자기는 하고 싶을 때만 파감치 찾을 때만 내가 필요한 거잖아."

4년 연애 후 결혼에 골인한 미영과 영민. 처음엔 깨가 쏟아지는 신혼의 재미에 푹 빠졌지만, 그것도 잠시 사소한 다툼이 잦아지며 위기를 맞는다. 이 남자가 이렇게 철부지인줄 알았다면 결혼을 다시 생각했었을 텐데.

○ 65.8K　　♥ 65　💬 36　◎ 2

섹스 없는 사랑

"그 때 날 좋아해줘서 고마워."
"나도 그 때 널 좋아했던 내가 좋아."
- 영화 <그 시절, 우리가 좋아했던 소녀> 중

첫사랑을 떠올려보자. 미숙하고 풋풋했던 감정의 발을 념물이 어려운 추억으로 남은 첫사랑 말이다. 짝사랑이었어도 좋고, 이루어지지 못했어도 괜찮다. 교복 집단

○ 162K　　♥ 206　💬 143　◎ 18

한 번 해요

헤라와 제우스가 말다툼을 벌였다. 사랑을 나눌 때 남성에 비해 여성의 즐거움이 틀린 더 크다며 제우스의 쾌락의 즐거움이 훨씬 크다고 주장한다. 결국 두 신은 결론을 내지 못하고 테이레시아스를 불러 물어보기로 결정했다. 테이레시아스는 남자의 몸으로도, 여자의 몸으로

○ 92.3K　　♥ 93　💬 79　◎ 15

127

경험은 나만 가질 수 있는
자산

시간이 갈수록 '그때 그 경험이 나한테 엄청난 자산이구나' 하는 생각을 자주 한다. 다큐멘터리 취재작가로 일하면서 의문이었던 건 꼭 편집할 때 나도 들어오라는 PD님의 지시였다. 나는 편집프로그램 다룰 줄도 모르고 편집에 관여하는 것도 아닌데 왜 같이 밤새고 있어야 하는지 이해가 되지 않았다. 그런데 나중에 그 프로그램 방영까지 끝나고 나니 알겠더라. 그 과정을 함께했기 때문에 '이런 부분을 고려해서 글을 써야 하는구나, 이런 구성이 좋은 구성이구나'를 깨달았다.

잡지 원고 쓸 때도 마찬가지였다. 지면은 정해져 있어서 딱 A4 한 페이지만 쓰면 되는데 매번 두 페이지씩 달라는 요청을 받았다. '어차피 쳐낼 거면서 왜 길게 쓰라는 거지' 싶었다. 하지만 편집된 글을 보니 알 수 있었다. 긴 개연성을 가지고 쓴 글을 콤팩트하게 줄여서 좀 더 자극적으로 뽑아야 했다는 것을. 그런 과정이 다 필요한 거였다. 지나고서야 알 수 있었던 것들이다.

섹스 칼럼을 쓸 때도 그렇다. 연애 말고도 정말 많은 경험이 필요하다. 운동, 여행, 산책 등등 어떤 경험을 하든 글에 엮어서 쓸 소재가 되기 때문에 많이 해볼수록 좋다.

"도서관에서 스펙을 쌓거나, 취업 전선에 뛰어드는 게
나쁘다고 생각하진 않는다. 나는 이렇게 살고 있어서 좋은데,
이렇게 사는 게 안 좋은 사람은 이렇게 안 살아야지.
내가 하는 일만 특별하다는 생각은 없다.
나에게 맞는 일, 내가 재밌어 하는 일을 할 뿐이다."

"'인간이 원숭이보다 뛰어난 건 성장기가 길어져서'라는
말을 본 적이 있다. 성장기가 길어지면 그만큼 배우는 게
많아서 사는 방식에 대한 지혜가 많아진다고 했다.
나는 20대, 청년기도 성장기라고 생각한다.
돈 없고 대기업 못 들어갔다고 궁해보이지 않는다.
그러니 눈앞에 보이는 것만 좇지 말고 꼭 한 번은
해보고 싶은 일에 도전했으면 좋겠다. 지금도 계속
배워가는 중이라고 생각하면서 여러 종류의 체험을 하면
조금 더 나이를 먹었을 때 정서적으로든 물질적으로든
지혜롭고 풍요롭게 살 수 있지 않을까."

episode

—

나, 마광수 교수님께 칭찬 받은 1인!

마광수 교수님 수업을 들은 적이 있다. 중간고사 대신 소설 한 편을 써내는 과제가 주어졌다. 좀 수위가 높은, 그런 류의 소설. 과제를 제출했는데 교수님이 나보고 잘 썼다고 공개적으로 말씀을 하셨다. 이런! 덕분에 친구들 사이에서 '그런 얘기 좋아하고 그런 얘기 잘 쓰는 애'로 통하게 됐다.

한 여성잡지에서 에디터로 일하던 지인이 자기네 잡지 섹스 칼럼 섹션이 갑자기 비었다며, "너 그런 거 잘 쓰잖아. 한 번 해볼래?"라고 연락을 해왔다. 이런! 섹스 칼럼니스트 이지수는 그렇게 시작되었다.

클 로 이 의 **TIP**

글을 쓴다는
책임감

—

혼자 쓰는 건 의식의 흐름대로 무작정 쓰면 된다. 근데 남이 읽는 글은 정제된 글이어야 하니 고민을 많이 하게 되고 시간도 오래 걸린다. 가끔 되게 괴롭다.

무엇보다 내가 누군가에게 영향을 미칠 수도 있다는 게 두려울 때가 있다. 내가 과연 좋은 영향을 줄 수 있는 사람인가를 끊임없이 생각한다. 인간으로서 지켜야 할 절대적인 선은 있을 테니까. 섹스칼럼을 쓰면서 그런 지켜야 하는 선에 대해서도 가끔씩 쓴다.

가끔 빙글에서 나보다 어린 친구들이 내 글을 읽고 개인 메시지를 보낼 때가 있다. 주로 상담이다. 그래서 요즘은 더더욱 문장 한 줄도 함부로 내뱉지 않으려고 노력한다.

또 하나, 유혹에 넘어가지 않으려고 한다. 얼마 전부터 빙글 메시지 통해서 광고 문의가 들어오기 시작했다. 파워블로거처럼 이미지 이런 거 써 달라, 포스팅에 이런 내용 넣어 달라……. 당장 돈 조금 더 벌 수는 있는데 그런 거에 휘둘리면, 그런 내용 실리는 순간, 내가 쓰고 싶은 글과는 동떨어져 버릴 것만 같다. 글을 팔아서 돈을 버는 셈이지만, 본질을 잃을 만큼 욕심을 부리진 않을 거다.

글만 쓰는 것의
함정

—

정말 심플하게, 그냥 하고 싶으니까 하고 안 하고 싶으면 안 한다고 말했다. 하지만 이게 다른 것들이 중요하지 않다는 뜻은 절대 아니다. 어떤 자격증이라든지 점수가 필요한 건 아닌데, 그래도 공부는 중요하다.

왜냐면 배우는 만큼 깊이가 생기기 때문이다. 너무 하나에만 집중하면 시야가 좁아질 거라 생각한다. 특히, 글 쓰는 사람에게는 더욱 그렇다.

'난 글이 좋으니까 글만 쓸 거야.' 이건 좀 위험한 생각이다. 다양한 경험이 중요한 또 다른 이유도 바로 이건데, 내가 조금이라도 알고 공감이 가야 글로 풀어내지, 잘 모르는 거, 잘 이해하지 못하는 걸 글로 쓸 수는 없다.

좋은 글은 타인의 공감을 살 수 있어야 한다. 대중의 생각에 다가가고 싶다면 대중이 자주 하는 것, 좋아하는 것, 고민하는 그것을 나도 해보는 것이 가장 빠른 지름길이 아닐까?

www.vingle.net/jschloe

Case 08

송 은 정

현재 직업	독립서점 '여행책방 일단멈춤' 오너
덕질 분야	책, 글, 여행
빙글 계정	www.vingle.net/stopfornow

"나는
이 공간에 모든 것을
다 걸지 않았다"

"월세 계약기간이 끝나면
나는 이 책방을 그만둘지도 모른다.
아깝지 않냐고?
그럴 리가 없다. 더 재밌고, 더 잘 맞는
일을 찾아서 떠나는 순간일 것이므로."

o

사람들은 자주 '책방의 미래'를 물어온다.
하지만 나는 커다란 목표를 세우느라 이곳을
이끌어가는 나의 어깨를 무겁게 하고 싶지 않다.
여길 그만두면 나는 낙오자인가? 그건 아니다.
장사가 안 되어 문을 닫게 되어도 상관없을 만큼만
투자하는 것, 그것이 내가 두려움 없이 책방을
오픈할 수 있었던 유일한 비결이다.

o

덕업일치 연보

2005년 3월	국문과로 진학, 학보사 기자 활동
2009년 9월	방송작가로 취업했다가 6개월 만에 퇴사
2010년 7월	출판사에서 단행본 에디터로 근무
2011년 12월	퇴사 후 북아일랜드 자원봉사 프로그램 지원 및 준비
2012년 6월	북아일랜드의 캠프힐이라는 장애인 커뮤니티에서 자원봉사자 생활. 가치관에 결정적 변화
2013년 11월	한국으로 돌아와 잡지사 취업
2014년 5월	다시 퇴사, 책방 준비 시작
2014년 11월	'여행책방 일단멈춤' 오픈, 현재까지 운영 중

내가 할 수 있는 게
고작 이직뿐인가?

예능프로그램 방송작가와 단행본 에디터와 잡지사 에디터. 이렇게 세 가지 직업을 거쳤다. '글'을 다룬다는 하나의 맥락 속에 있으면서도 제각기 장단점을 가진 일들이었다. 방송사에서 출판사로 이직한 후에, 이 일이 나의 일인 것 같다며 만족스러워했던 기억이 난다. 상대적으로 적은 수의 사람을 만나며 꼼지락꼼지락 글을 매만져 책으로 만들어내는 일은 나의 습성과 잘 맞는 듯했다.

하지만 나는 곧 빡빡한 일정에 지쳐갔다. 책 만드는 일 자체는 좋았지만 나에겐 일과 분리된 나만의 시간을 보장받는 게 중요했다. 바쁠 때는 야근이나 주말 근무를 할 수도 있는 것이지만 1년 내내 그렇게 일할 순 없었다.

'내가 할 수 있는 게 고작 이직뿐인가?'

조금 더 나은 근무조건을 가진 출판사를 찾아 채용공고를 살펴보던 중 든 생각이었다. 하고 싶었던 공부를 할 수도, 여행을 갈 수도, 하다못해 아무것도 안 하고 좀 쉴 수도 있는 것 아닌가. 여러 가지 선택권을 배제한 채 오로지 '더 나은 회사'를 찾고 있는 나 자신이 한심했다. 고작 20대 중반인 나이였고 뭔가를 시도하기에 가장 좋은 때인 것 같았다. 앞으로 몇 년만 지나도 이런 고민 자체를 사치라 느낄 수 있겠다 싶었다.

나에게도 하고 싶은
일이 있었다

취업과 퇴사라는 뫼비우스의 띠를 끊고 북아일랜드로 떠났다. 작은 시골마을에 있는 '캠프힐'이라는 장애인 커뮤니티에서 자원봉사자로 1년간 일했다. 지적 장애인들이 자립해서 생활할 수 있도록 전 세계에서 온 자원봉사자들이 모여 함께 일하고 먹고 사는 마을이다. 나는 그들 중에 두 번째로 나이가 많았다. 거기 오는 유럽친구들은 대부분 20대 초반이었기 때문이다. '갭이어(Gap Year)'라고 불리는, 고등학교 졸업 후 바로 대학에 진학하지 않고 자기 시간을 가지러 오는 친구들이 많았다.

그렇다. 그들은 정확히 뭘 하게 될지 모르는 상태로 이것저것 다양한 경험을 해보고 있었다. 장기간 여행, 자원봉사, 아르바이트 등등. 우리는 고등학교를 졸업하면 당연히 대학에 가고, 대학을 졸업하면 당연히 다음 스텝은 취직, 결혼, 출산 아니던가? 갑자기 많은 유럽인들 사이에 들어간 나는 '선택이 자유로운 사회'에서 살아온 그들의 자연스러운 분위기가 부러웠다.

귀국 후, 먹고살아야 한다는 이유로 당장 경력을 살릴 수 있는 잡지사에 들어갔다. 북아일랜드로 가기 전과 똑같은 삶이 반복됐다. 한 뼘만큼 삶이 나아졌다고 생각했는데 다시 원점으로 돌아간 기분이었다.

내 글을 쓰고 싶었다. 남의 글 만지는 것도, 남의 이야기를 쓰는 것도 아닌 내 글, 창작 행위를 하고 싶었다. 마침, 가구를 전공했던 동료직원이 자기 작업실을 냈다. '아차' 싶었다. 저 친구도 작업실을 갖는데, 나도 할 수 있지 않을까?

그만뒀다. 글 쓰는 것만으로 당장에 먹고살 수는 없으니 작업실 겸 경제적인 부분을 해결할 뭔가가 필요했다. 내가 좋아하는 여행과 글에 내게 익숙한 출판을 엮으니 여행책방이 떠올랐다. 그렇게, 여행책방 주인이 됐다.

곧 책방을
접게 될지도 모른다

캠프힐에서의 생활은 나의 가치관을 완전히 뒤흔들었다. 우습게도 그들 중 몇몇은 한국인 자원봉사자를 반기기도 했다. 군말 없이 일을 잘하니까. 한국인들은 "NO"를 안 한다. 심지어 몸이 아파도 일한다. 거기선 그걸 되게 이상하게 생각한다. 아프면 쉬어야 하는데 왜 기어코 일을 나오는지, 일이 너무 많이 주어지면 거절해야 하는데 왜 초과근무를 하는지……. 동료들 중 대부분은 유럽권에서 온 사람들이었는데 그들은 "이거 부당해." "이 일은 나와 맞지 않아." 이런 말을 잘했다. 우리와 달리 어떤 순간에도 자신의 안위와 행복을 1순위에 놓는 모습을 보며 많은 생각을 했다.

그곳에는 앞만 바라보며 열심히 사는 사람이 없었다. 일에 목숨 걸지 않는 분위기가 좋았다. 다른 삶도 가능하다는 것, 누군가와 경쟁하며 살 필요가 없다는 것. 그때 깨달은 그 마인드를 책방을 운영하면서 늘 잃지 않으려고 한다.

사람들은 자주 '책방의 미래나 목표'를 물어온다. 내년이면 책방은 2주년을 맞이한다. 이 공간의 계약기간 또한 2년이다. 그때가 되면 책방을 더 이

상 안 할 수도 있다. 이렇게 말하면 사람들은 다시 묻는다. 이뤄놓은 것이 아깝지 않겠냐고.

나는 책방을 그렇게 진지하게 하지 않는다. 내 어깨를 너무 무겁게 하고 싶지 않다. 어떻게든 여기서 돈을 많이 벌어야 한다는 생각에 사로잡히면 즐거울 수 없다. 다른 책방들은 잘 해나가는데 나만 그만두면 나는 낙오자인가? 당연히 그렇지 않다. 만약 이곳을 접게 된다면 더 재밌는 일, 더 잘 맞는 옷을 찾아서 떠나는 순간일 거다. 이것이, 내가 북아일랜드에서 배운 삶에 대한 태도다.

이기적으로
운영하자

여행과 책. 내가 좋아하는 것을 다 모아놓은 나만의 공간이 생겼다. 그런데 반전은, 책방을 열고 거의 반 년간 전혀 행복하지 않았다는 사실이다. 일과 생활의 균형을 찾기 위해서 벌인 사업인데, 막상 오롯이 혼자 이끌어 나가다 보니 오히려 더 균형 잡기가 어려웠다. 거기에서 오는 충격이 컸다. 책방 문을 열고 닫는 시간이나 쉬는 날 하나를 정하면서도 얼마나 전전긍긍했는지 모른다. 내 일을 하면 월요병은 없을 줄 알았는데, 아침에 눈 뜨면 출근하기 싫어 이불 속에서 버틴 적도 있다.

나는 책방을 운영하는 게 처음이고, '책방 주인'이라는 나의 직업을 만들어가는 과정이 필요했다. 오전 11시에 열었다가 오후 1시에도 열어보고, 월요

일에 쉬었다가 일요일에 쉬어도 보면서 방법을 하나씩 찾아가고 있다.

이 공간을 오래 유지하려면 이기적으로 운영해야겠다는 생각이 들었다. 교보문고처럼 이곳을 책임져주는 사람이 많은 것도 아니고 나 혼자 끌어나가는 곳이니까 나의 생활 리듬에 맞추겠다고 다짐했다. 모두를 위해 존재하는 공간일 수는 없었다. 조금 늦게 열었다가 SNS에서 비난을 받은 적도 있다. 반면 '혼자 하니까 그럴 수밖에 없지, 테마도 여행책방인데 뭐 어때' 이렇게 생각해주신 분들도 많다. 결국 내가 어떻게 운영을 하든 각자의 기준에 맞게 해석하기 마련이다. 누군가의 평가에 일희일비하지 않기로 했다. 이렇게 마음먹고 나니까 무척 편안해졌다. 한 시간 늦게 열면서 '매출 떨어지면 어쩌지' 걱정했던 압박감들도 많이 사라졌다.

꿈이 현실이
되는 공간

내가 열심히 움직이면 책방도 같이 살아 움직인다. 반대로 아무것도 안 하고 가만히 있으면 책방도 죽어 있다. 나와 함께 숨 쉬는 생명체 같다. 정말로 좋은 점은, 그렇기 때문에 내가 생각하고 꿈꾸는 것들을 그대로 구현할 수 있다는 사실이다. 직장생활을 하면 이해관계에 있는 많은 사람들과 일일이 조율해야 하고 여러 제약도 따르지만 내 일을 하면 그럴 필요가 없다. 문득 떠오른 사소한 아이디어도 흘려보내지 않고 구현할 수 있는 거, 조금만 투자하고 마음을 쓰면 현실로 만들 수 있는 재미가 있다. 혼자서 포스터 만들고, 홍보하고,

모든 실무까지 책임지는 일은 힘들지만 그만큼 결과물에 대한 만족감도 크다.

예상치 못한 좋은 기회와 만남도 많이 생긴다. 책방에 온 손님, 입고하러 온 분, 혹은 관심사가 비슷해서 찾아온 분들과 대화하다가 생겨나는 행사나 콘텐츠, 워크숍 프로그램들이 많다. 내 생활 범위가 굉장히 확장된 느낌? 책방이란 공간을 중심으로 하나씩 하나씩 플러스가 되어가는 게 좋다. 지금 이 글도 마찬가지다. 모두 여행책방을 하지 않았으면 없었을 것들이다. 고맙다.

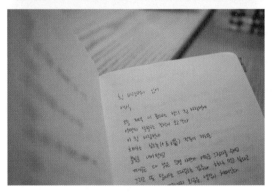

episode

—

나는 '꼰대'였다

북아일랜드 시절. 내가 참 꼰대 같다고 느꼈다. 유럽권에서 온 친구들에게는 시스템에 억눌려보지 않은 자유분방함이 있었다. 한 번은 연극을 준비하던 중 연극 책임자였던 70대 할아버지가 이런 저런 연기요청을 했더니 한 친구가 "그건 내 생각과 다르다"며 거절했다. 만약 나였으면 알겠다며 우선 따르고 봤을 텐데……. 처음엔 그거 보고 속으로 '뭐야, 저 싸가지는!' 하면서 버릇없다고 생각했다. 하지만 그건 단지 자신의 의사를 표현한 것뿐이었다. '내가 그런 것조차 표현하지 못하는 사회에서 갑갑하게 지내왔구나.' 일종의 질투심 같은 걸 느꼈다. 나는 용기 내고 노력해서 여기까지라도 온 건데, 그들에게는 그 모든 게 당연하다니.

책방에서 뭐하세요?

자주 받는 질문인데, 참 무례하다고 생각한다. 출근하는 사람에게 "너 직장 가서 뭐하니?"라고 묻는 것과 똑같은 건데. 이곳은 나의 직장이고, 나 역시 다른 사람들처럼 출근을 하고, 책방 운영에 필요한 업무를 하고, 책방을 알리기 위한 행위를 하고 퇴근한다. 하고 싶어서 하는 일이지만 동시에 생계유지를 위한 경제활동 공간이니까 그에 따르는 책임이 당연히 있다. 앉아서 커피나 마시다가 손님 오면 응대하며 시간 보내는 게 아니라, 책 입출고, 프로그램 기획, 책방과 출판물 홍보, SNS 운영, 책방 유지비 및 수입 관리 같은 일을 끊임없이 해야 하는 현실적인 공간이다.

책방 주인이 되어봤다는 게
중요한 거!

-

좋아하는 것, 혹은 취미를 직업으로 연결시키느냐 마느냐의 경계에서 다들 고민을 많이 한다. 그
땐 우선순위를 정확히 아는 게 중요하다고 생각한다. 내가 뭘 포기할 수 있는지 아는 것. 나는 처
음부터 일반적인 회사를 다닐 때만큼의 경제적인 수준을 기대하지 않았다. 최소한의 생활 유지
만 가능하다면 버텨볼 수 있을 거라 생각했고, 내 사생활과 현재의 행복이 조금 더 우선이었다.
어릴 때 방송작가가 꿈이었지만 막상 해보니 나랑 안 맞는 걸 알고 그만뒀다. 해보지 않았으면
미련이 남았을 거다. 또 책방 오픈 초기에 상상과 달라 힘들었지만 결국 일과 삶의 균형을 유지
할 수 있는 방법을 조금씩 찾아가고 있다. 시간이 걸리지만 불가능한 건 아니다.
요즘도 재취업의 유혹은 있다. 그게 뭐 어때서, 원하는 걸 해봤다는 게 중요한 거지. 책방은 내
인생에서 반드시 끌고 가야 할 과업이 아니다. 이곳이 망해도 인생에 지장 없을 만큼만 벌였
다. 시작이 두렵지 않았던 건 그 덕분이다. 매출이 안 나와서 문을 닫게 되면 다음 기회, 다른
가능성을 찾아가면 된다. 책방 주인이 돼 봤다는 것, 그 사실 자체가 나의 자산이기 때문이다.

공간을 열 때 필요한 것

-

좋아하는 것과 잘하는 것은 별개의 문제다. 책을 좋아한다고 혹은 여행을 좋아한다고 여행책
방을 잘할 순 없다. 모든 사업이 마찬가지일 거 같은데, 무언가를 하려면 최소 그 분야에 대한 기
본적인 지식은 있어야 한다. 나도 출판 쪽 경험이 있어 출판과 유통에 대한 지식은 좀 있었지
만, 서점은 또 다른 문제라서 소규모 책방들 인터뷰를 많이 다녔다. 그렇다고 무턱대고 찾아가
서 영업 정보를 빼오는 건 무례하고, 그런 곳에서 운영하는 워크숍이나 강의에 참여하거나 업

계에서 활동하는 사람들 만나보고 취재하고 하나씩 알아가는 과정을 가졌다. 또 하나, 몇 개월 동안은 수입이 없어도 하고 싶은 일에 집중하고 추진할 수 있는 정도의 자금은 모아서 시작하길 권한다. 그렇지 않으면 너무 이른 시기에 금방 포기하고 다시 취업하는 길로 돌아가기 쉽다.

송은정이 말하는
'책방 사업'
–

책방 준비 비용

보증금과 월세(자리마다 너무 다르다), 셀프 인테리어(70만원 안팎. 페인트, 전기공사, 책장 설치 등), 가구 구입(100만원 안팎), 도서 구입(150만원 안팎), 명함 및 홍보엽서(10만원 안팎. 로고&명함 제작 비용은 지인찬스 이용)

책방 유지 비용

월세, 세금(전기세, 수도세), 가구 추가 구입(책장, 책상, 의자 등 필요할 때마다 상시 구입. 비용 책정 불가), 포스터 및 홍보엽서 제작(프로그램이 있을 때마다 상시 제작. 매회 5만원 내외), 도서 구비 비용(총판과 출판사 직거래를 통해 수시로 도서 구입. 구입 비용은 늘 달라서 책정 불가)

수입

도서 판매, 워크숍, 행사운영을 통해 주 수입을 얻고, 책 편집, 원고 청탁 등의 프리랜서 편집자/에디터 활동을 통해 부수입을 얻음.

www.vingle.net/stopfornow
www.facebook.com/stopfornowbooks

Case 09

김 석 기

현재 직업   지역브랜딩 전문가
                 공정 여행 1인 기업 'Stoneage Union' 대표
덕질 분야   아웃도어, 여행
빙글 계정   www.vingle.net/stoneage

"직업이 마음에 안 들면
직업을 만들면 되지!"

"하나쯤 망해도
나머지는 괜찮을 수 있어야 정상이다.
인생도, 사회도 그렇다."

○

건강한 사회라면, 하나쯤 망해도 나머지가 버틸 수 있어야 한다.
대표적으로 잘되는 것 하나에만 올인 하다 보면
그게 실패했을 때 모두 함께 끝난다.
인생도 마찬가지. 하던 일 한 가지쯤 실패해도,
회사 하나쯤 그만둬도 다음을 기약할 수 있고
계속해서 먹고살 수 있어야 진짜 안정적인 삶 아닌가.
8년의 경력을 통해 다져진 내 재능이 우리 동네의
생태계를 보다 건강하게 만드는 데 쓰였으면 좋겠다.
건강해진 동네가 내 삶을, 다음 세대의 삶을,
더욱 윤택하게 만들어줄 것이므로.

○

덕업일치 연보

2007년 9월	광고대행사 '오리콤' 전략기획본부 인턴
2008년 2월	독립광고대행사 'Cego' 광고기획자로 근무
2008년 4월	퇴사 후 호프집 '엉클잭' 공동 운영
2009년 4월	'대학내일' 마케팅팀 근무
2013년 4월	아웃도어 브랜드 '네파' 브랜드 마케팅팀 근무
2015년 5월	퇴사 후 귀촌
2015년 6월	공정여행 1인 기업 'Stoneage Union' 설립 및 현재까지 운영 중

시켜준다는데도
안 하냐

"남들은 지금 네 나이에 팀장 자리 올라가려고 어떻게든 아등바등하는데, 넌 시켜준다는데도 안 하냐, 너 벌써 서른다섯이야!" 마지막 회사에 퇴사 의향을 밝히자 팀장님이 걱정을 가득 담아 건넨 말이다. "그러니까요. 저 벌써 서른다섯입니다. 그래서 그만둬야 해요. 더 늦으면 도전을 못할 거 같아요." 이게 내 마지막 대답이었다.

20년 뒤를 생각하며 고민이 많던 시점에 주변을 둘러봤다. 후배들의 고민도, 선배들의 고민도 다를 게 하나 없었다. '먹고 살기 힘들다.' 하나로 귀결됐다. '어디라도 갈 곳만 있다면 당장 때려치우겠다.' 결혼한 사람들은 '그냥 엄마고 아빠니까 다니는 거지.' 제각기 다른 직종에 있어도 내뱉는 말들은 거기서 거기였다.

아이러니했다. 안정적인 삶을 위해 착실히 노력해서 회사에 들어왔는데, 이 자리를 지키지 못할까 봐, 여기서 나가면 이만큼 벌지 못할까 봐, 불안한 삶을 살고 있다니. 그럼 이게 안정적인 건가?

면담을 하면 늘 보편적 인생 설계도에 들어가 있는 수순들이 나왔다. 내년이면 팀장 밑 차석, 그다음엔 팀장, 그러면 연봉 얼마, 결혼하고 애 낳고……. 지금이 중요한 때야, 너 지금 관두면 어떻게 될지 몰라, 미친 거 아니니?

내 능력, 설마 회사 아니면
쓸 곳 없을까

어느 순간 내 능력이 허망하게 쓰이고 있단 생각, 내가 꿈꿨던 것과 다르단 생각이 든 것도 한 몫 했다. 내가 지금 회사에서 하고 있는 일이 과연 평생의 업으로 삼을 만큼 전문성을 가져가고 있는지, 그저 월급 받기 위한 수단에 그치고 있는 건 아닌지, 회의가 들었다.

8년이란 시간을 마케팅, 브랜딩 업계에 종사했으니 이걸 잘 써 먹을 수 있는 곳이 어딜까 고민했다. 우리 동네가 생각났다.

내 고향은 강원도 양양이다. 젊은 사람들이 살 수 있는, 살고 싶은 동네를 만들면 좋겠다 싶었다. 재화와 노동의 수요, 공급 대부분은 수도권에 집중되어 있다. 서울에서 살기 빡빡해 지방으로 내려오고 싶어 하는 사람이 많지만 막상 그러지 못한다. 마땅히 먹고살 길이 없으니까.

마침 내게는 아웃도어 브랜드 회사에서 마케팅을 하며 아웃도어 여행 프로그램을 기획하고 운영해본 경험이 있었다. 양양은 아웃도어 활동을 즐기기에 아주 좋은 조건을 갖춘 곳. 트레킹, 등산, 카약, 래프팅, 서핑 같은 것들이 모두 가능하다. 등잔 밑이 어둡다고, 내가 왜 이 생각을 못했지? 잘할 수 있을 것 같았다. 여기서부터 지역 브랜딩을 시작해보기로 했다.

'양양 브랜딩'을 위한
포트폴리오

여행에는 모든 게 포함된다. 먹거리, 볼거리, 놀거리, 찍을거리. 지역 브랜딩도 마찬가지다. 일차적으로 타지에서 오는 사람들이 먹고 마시고 보고 즐기는 모든 것이 포함된다. 다음으로 현지에 사는 사람들이 자생할 수 있는 기반과 삶의 질이 보장돼야 하고, 마지막으로 타지에서 오는 사람들의 행복과 현지에 사는 사람들의 행복이 상생할 수 있을 때 '좋은 동네'가 된다.

내가 여기 와서 시작한 다양한 일들은 모두 그 궁극적 목표를 향한 포트폴리오다. 게스트하우스를 운영하는 것, 마을에 벽화를 그리는 것, 컨테이너로 집을 만드는 것, 양양 지역 음식을 찾고 상품화하는 것, 아웃도어 프로그램을 개발하는 것, 여행 코스를 개발하는 것, 공정여행 개념을 만들고 알리는 것 등등. 예를 하나 들자면, 최근 시도하고 있는 것 중에 '야양감제만두'라는 것이 있다. 100% 감자 전분으로 만두피를 만든 김치 만두인데, 예전부터 양양 사람들이 집에서 만들어 먹던 것이다. 감자 농사가 끝나고 상품화 할 수 없는 자투리 감자를 썩혀 감자전분을 만드는 전통방식의 감자전분 추출법을 사용한다. 야양은 여기 사람들이 양양을 발음하는 대로 갖다 붙인 거다.

이걸 상품화한다고 하면 보통은 대규모 감자 농사를 짓거나 공장을 짓는 것부터 상상한다. 하지만 내 계획은 농사철이 끝나고 집집마다 남아서 버리는 감자를 활용해서 만들 수 있는 만큼만 만들고, 여기 현지에서만 먹도록 하는 거다. 도시 사람들 좋아하는 말로 '리미티드 에디션'. 지역민들이 딱 그 해 그 계절에 먹을 수 있는 만큼만 직접 만들어 판매하는 것. 그러면 지역민들은 버리던 감자로 소소한 수익이나마 낼 수 있으니 좋고, 손님들은 그 자리에서 직접 손으로 만든 질 좋은 계절 만두를 맛볼 수 있어 좋다. 더불어 전통적인 감자전분 추출방식에 대한 설명을 들으며 지역의 역사와 문화까지 함께 경험할 수 있다.

중요한 건 내가 생각하는 지역 브랜딩 사업이 손님 지향적, 수익 지향적이기만 하진 않다는 것이다. 오히려 기존의 여행 개념에 익숙했던 분들은 다소 불편할 수 있다. 손님들이 먹고 마시고 즐기는 모든 것들은 되도록이면 우리 지역에서 출발하고 우리 지역으로 되돌아와야 한다. 수익만을 위해 환경이나 커뮤니티를 망치는 방식은 지양한다. 게스트는 게스트로서의 예의를 다하고, 호스트는 호스트로서의 대접에 최선을 다해 서로가 행복할 수 있도록 한다는 관계 지향적 개념이다. 한 마디로 '공정여행'.

공정여행에 대한
오해

공정여행에 대해 오해들을 많이 하는데, 단순히 여행하고 쓰레기 줍고 가는 그런 게 아니다. 쉽게 말하면 대형 자본이 아닌 지역의 상업시설을 이용하고, 현지 문화를 이해하고 받아들이며 하는 여행이다. 그냥 맛집 투어가 아니라, 그게 왜 유명해졌는지 어떤 배경과 문화가 깃들어 있는 음식인지를 알고 먹는 것, 서울에서 들어온 커피와 햄버거를 먹고 가는 게 아니라 이 지역의 감자만두를 먹어 보는 것. 여기 사람들이 만든 상품을 이용하고, 여기 사람들이 운영하는 가게에서 소비하고, 여기 사람들의 문화적 습성에 녹아들어 보는 것. '내가 와서 너희들 장사하게 해주는 거야', '내 돈 내고 내가 노는데 무슨 상관이야.' 이런 마인드가 아니라 지역민에 대한 존중과 배려가 있는 것.

내가 해야 하는
또 한 가지

물론 그러기 위해선 지역민 역시 손님들에게 즐거운 시간과 공간이란 가치를 제공해야만 한다. 그저 한철 장사로만 접근하는 분들이 있다. 성수기 한때 바싹 벌어야 하니 비싸게 받고 서비스에 박하다. 그러니 오는 사람들도 소비자로서의 권리를 찾겠다고 물건 막 쓰고 쓰레기 막 버린다. 주인도 짜증나고, 손님도 짜증나고, 떠난 사람들 다시 안 온다. 언제든 다시 찾아올 사람들이라 생각하면 바가지 씌울 이유가 없고, 언제든 다시 놀러올 곳이라 생각하면 배려하지 않을 이유가 없다. 지역민 중 숙박업, 여행업 하시는 분들을 위해 그런 식의 선순환 고리를 만들어주는 역할을 하려고 한다.

연중 내내 수입이 발생할 수 있도록 사시사철 여행 프로그램을 만들고, 서비스 제공과 운영은 어떻게 해야 하는지 알려드리고, 대신 손님에게 제공하는 단가는 낮추고. 이런 컨설팅을 하고 싶다. 대가를 받으려는 건 아니다. 일종의 재능기부 같은 건데, 이런 문화가 자리 잡히면 궁극적으로 내 사업에도 좋은 영향을 미칠 테니 누이 좋고 매부 좋은 일이 될 것이다.

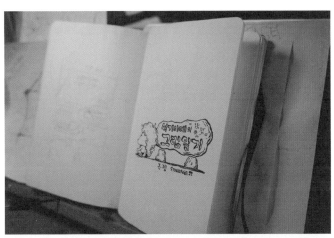

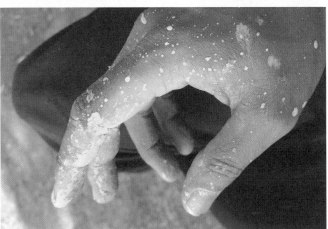

하나쯤은 망해도
괜찮아야 정상

건강한 사회라면, 하나쯤 망해도 나머지가 버틸 수 있어야 한다. 지역 브랜딩도 그렇다. 기존 지역 브랜딩의 대표적인 예가 지역 축제인데, 대부분 일회성으로 끝나고 그 후 남은 시설물들이 대부분 가치 있게 활용되지 못한다. 그 지역의 대표적인 상징물 하나 있다고 그것만 키우는 일은 위험하다. 그 지역이 갖고 있는 얘깃거리, 콘텐츠가 여러 개여야 어쩌다 하나가 잘 안 되거나 망해도 나머지로 유지할 수 있다. 큰 돈 써서 큰 것 하나 미는 게 아니라 작은 것 여러 개가 모여 하나의 큰 가치를 만들었으면 한다. 이것이 내가 바라는 지역 브랜딩의 모습이다.

인생도 마찬가진 거 같다. 회사쯤 그만둬도 먹고살 수는 있어야 그게 진짜 안정적인 삶이 아닌가. 하던 일 좀 실패해도 다음을 기약할 수 있어야지. 내 적성과 재능이 무엇인지를 잘 알고 그걸 잘 써먹으면서 사는 것, 그게 건강한 삶이라 생각한다. 나는 여기서, 한 가지만 하고 살지 않을 거다. 벽화도 그리고 웹툰도 그리고 컨테이너 하우스도 짓고 여행 상품 기획과 판매도 하고 게스트하우스도 운영하고, 또 더 많은 일들을 할 건데, 이 중 하나를 못하게 되는 일이 생긴다 해도 나머지가 있으니까 괜찮다. 전부 다 실패하면? 다시 도시로 돌아가서 돈 벌 자신 있다. 그만큼 경험과 내공이 쌓여 있을 텐데 굶어 죽기야 하려고?

아직 시작한 지 1년도 안 됐고, 새로운 시도를 하다 시행착오를 겪어가며 지방에서 먹고사는 법을 배우는 중이다. 양양에서 시도한 지역 브랜딩이 잘 되면 다른 지역에도 비슷한 모듈을 도입해보고 싶다. 젊은 사람들이 지방으로 회귀할 수 있게 된다면, 다음 세대는 한 걸음 더 나아진 세상에서 살 수 있지 않을까. 지방에서도 잘 먹고 잘 살 수 있다는 거 보여주고 싶다. 조카들에게 '삼촌 같은 사람 있잖아' 하고 보여주고 싶다.

엄마, 왜 이걸 이제 줘?!

실은 양양 감자만두를 얼마 전에야 처음 먹었다. 원래 만두귀신이라 불릴 정도로 만두를 많이 먹는데, 작년에 어머니께서 처음 만들어 주셨다. 왜 이제야 주시냐고 여쭤봤더니 "내가 안 줬나?" 이러시는 거다. 아니, 내가 만두를 얼마나 좋아하는데, 만두귀신인 거 가장 잘 아시는 분이 한 번도 이 맛있는 걸 안 해주셨다니. 이거 대체 언제부터 먹은 거냐고 물었더니 "옛날부터 먹었지. 너 안 줬니, 내가?"

찾아보면 내가 모르고 있는 지역 음식이 더 많을 것 같다. 여기 사람들이 오래전부터 먹던 별식. 숨은 걸 발견하고, 거기에 가치를 부여해 여러 사람이 즐길 수 있도록 만드는 게 좋은 브랜딩이라고 생각한다. 어느 지역 특산물이 유명하다고 하면, 역사문화적 개연성 없이 온갖 특산물 가공 식품만 만들어 파는데, 나는 좀 더 자연스러운 방식을 쓰고 싶다. 원래 있던 음식을 거기서 맛있게 먹을 수 있는 방법을 찾고, 그 안에서 재미있는 스토리가 탄생할 수 있는 그런 방식.

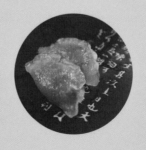

귀농귀촌, 하고 싶다면
먼저 농부부터 되어야 한다

—

귀농귀촌을 하고 싶다면 우선 그 지역 커뮤니티에 스며드는 일이 먼저다. 그리고 스며들려면 농사를 짓는 게 먼저다. 보통은 농사를 직접 짓는 대신 농작물로 2차 가공품 만들어 온라인으로 팔겠다는 생각을 먼저 한다. 그렇게 성공적인 귀농귀촌의 의지를 불태우고 오지만, 막상 지역민들은 반응이 시큰둥하거나 못 미더워하는 경우가 대부분이다. 그러면 '내가 자기들 도와주겠다는데, 왜 몰라주지.', '이렇게 좋은 아이디어를 냈는데 무시만 당했다'면서 불평한다. 근데 농사를 한 번 지어보면 알게 된다. 농사짓는 것만도 힘들어 죽겠는데 딴 생각 할 여유가 없다. 농사부터 지어보고, 그 사람들 라이프를 그대로 한 번 살아보고, 그리고 얘기를 꺼내야 그들도 마음을 연다. 의외로 농사를 짓겠다고 나서면 지나가던 동네 분들이 먼저 와서 도와주고 알려주기도 한다. 그렇게 서로 소통을 시작하는 게 우선이다.

여기도 엄연한 하나의 사회다. 무작정 순하고 착한 마음만 있는 곳이 아니다. 타지에서 온 낯선 이에게 무조건적 호의를 베풀 이유가 없다. 먼저 다가가 그들이 사는 방식과 습성을 이해하고 인정하고 익히려는 노력이 필요하다.

성공 사례집을
믿지 말 것

—

귀농귀촌을 결심하기 전에 '먹고살 길'을 스스로 충분히 고민하고 와야 한다. 국가에서 귀농 교육을 시켜주거나 영농 지원 자금을 대주는 프로그램이 많다. 실패하는 분들 대부분이 스스로 찾아보고 공부하고 오는 게 아니라 그냥 프로그램에서 하는 말만 믿고 오는 경우다.

예를 들어, 블루베리가 어디서 어떻게 팔리니까 좋다는 이야기를 듣고 무작정 자금 지원 받아 블루베리 농사를 시작했다고 치자. 다음 해에 농사가 전반적으로 잘 안 돼서 블루베리 값이 폭락하면 대책이 없다. 농사라는 것은 자기 노력과 의지와 상관없이 언제라도 실패할 수 있다. 뿌린 대로 거두는 것이 아님을 먼저 각오하고, 해당 아이템에 대해 하나부터 열까지 꼼꼼하게 따져본 뒤 대안까지 생각해서 시작하는 게 좋다.

성공 사례집은 말 그대로 성공 사례만 모아놓은 것이다. 거기 소개되지 않는 실패 사례가 훨씬 많다. 지역 커뮤니티에 스며들면 좋은 이유가 여기에도 있다. 잘 안 풀릴 때, 위기가 왔을 때 원래부터 그곳에 터전을 잡고 있던 지역민들에게 살아 있는 경험을 배우면 좋다. 그렇게 도움 받고 나도 돕고, 천천히 하나씩 해나가길 권장한다.

www.vingle.net/stoneage

blog.naver.com/adksk

Case 10

남 규 현

현재 직업	사진·영상 작가
	'Kyo H Nam Photo & Videography' 오너
덕질 분야	음악, 사진·영상
빙글 계정	www.vingle.net/kyohnam

"가장 나다운 것이
가장 좋은 것이다"

"남 흉내 내기를 그만두고
내가 원하는 것에 집중하자
비로소 인정받기 시작했다."

o

사진과 영상으로 돈을 벌겠다고 열심히 홍보했으나
2년 동안 받은 의뢰는 단 7건,
뭔가 잘못됐다 싶어 내 작업물을 되돌아보니
'영혼 없는 사진'에 불과했다. 남들이 찍은
멋있는 사진 흉내 내기를 그만두고 내가 좋아하는 사진,
나만의 색깔과 마음이 담긴 사진을 찍으려 노력하자
상황은 빠르게 변했다. 내 작업물을 좋아하는 사람들이
늘어났고, 여기저기서 일이 들어오기 시작했다!

o

덕업일치 연보

2010년	내가 작곡한 음악의 뮤직비디오를 만들기 위해 첫 DSLR 카메라 구입
2012년	지인 결혼식의 사진과 영상 의뢰를 받아 작업, 본격적인 일을 시작하는 계기가 됨
2013년	'Kyo H Nam Photo&Videography'라는 이름으로 개인 사업 시작. 웹사이트와 명함을 제작함
2013~2014년	단 7건의 의뢰가 전부인 채로 생활 지속
2014년	비즈니스 마인드가 잘못되었음을 깨닫고 권토중래
2015년	마인드를 고친 후 차츰 일이 쏟아지기 시작, 현재 바쁘게 활동 중

졸업장을 얻는다고
내가 행복할까?

강의실 안, 수많은 사람들과 모여 앉아 일정한 커리큘럼으로 수업을 듣고 있
으려니 답답함과 함께 문득 '이게 내가 원하는 건가?' 하는 회의감이 몰려왔
다. '앞으로 4년이나 돈을 더 내고 졸업장을 얻으면, 내가 행복해질까?' 그런
생각을 수도 없이 했다. 한 달 만에 대학을 그만뒀다. 대단한 포부가 있었다기
보다 그냥 다녀야 할 이유를 못 찾았기 때문이라고 해야겠다. 그 뒤로 그렇게
많은 시행착오를 겪을 줄, 그땐 몰랐다.

　음악 프로듀서가 꿈이었다. 어릴 때부터 음악을 좋아했고 크고 작은 대
회에서 몇 번인가 상을 타기도 했다. 2009년에는 한국의 '힙합음악 컴피티션
(Supreme 100 remix)'에서 운 좋게 입상하여 에픽하이 스페셜 리믹스 곡에 참여
했다. 대학을 그만두고 집에서 음악 작업에만 심취해 있었는데, 문득 내가 만
든 음악의 뮤직비디오를 직접 만들어보고 싶다는 생각이 들었다.

　카메라란 존재가 내 안에 들어온 건 그때부터다. 연습 삼아 지인들의 사
진과 영상을 찍다 보니 어느 순간 음악보다 사진과 영상에 더 큰 애착이 생
겨났다.

174　　Case 10　남규현

집 나간
초심 찾기

내 취미가 주변에 알려지면서 친한 지인의 결혼식 촬영을 하게 됐다. 정식으로 받은 첫 번째 의뢰이자, 이걸 본업으로 삼아야겠다고 생각한 결정적 계기다. 하지만 업으로 받아들이게 된 순간, 사진과 영상은 좋아서 하는 일이 아닌 단지 돈을 버는 수단이 됐다. 무엇을 찍고 싶은지보다 어떻게 수입을 낼 것인지를 생각했다. 그 결과, 2년이 지나도록 의뢰 건수는 지인들을 통해 얻은 단 7건이 전부였다. 뭔가 잘못 됐다고 느꼈다.

내 작업물을 돌아봤다. 그저 유명 사진작가들의 결과물과 비슷해 보이도록 흉내를 낸 것뿐이었다. 요즘 흔히 하는 말로 '영혼 없는' 사진들. 초심으로 돌아가 내가 담고 싶은 장면들을 찍기 시작했다. 내가 좋아하는 스타일에 중점을 두고 내가 담고 싶은 장면들을 담는 데에 집중하자 사진이 달라졌다. 나만의 시각과 색깔이 담긴 작업물로 성장한 것이다.

"20대 초중반의 남자가 비즈니스를 시작하고 나니
어린 마음에 돈에 대한 욕심이 생겨났다.
'좋은 사진을 찍겠다'는 생각보다 '어떻게 하면
내 비즈니스를 광고할 수 있을까' 하는 콩밭에 가 있는
마음으로 2년을 보냈다. 결과는 처참했다."

"뒤를 돌아보니 부끄러웠다.

사진과 영상을 왜 하게 됐고, 왜 계속 하려고 하는지,

곰곰이 다시 생각해봤다. 누군가의 중요한 순간을

담는다는 것, 그 순간을 통해 다른 사람들이 감명 받는다는

사실이 내 가슴을 뛰게 했던 거였다."

단순하게
생각하기

초심을 되찾자 다행스럽게도 상황은 빠르게 변했다. 매 컷마다 마음을 담았고, 그렇게 찍은 사진들을 SNS에 올리니 잡지사에서 연락이 왔다. 곧이어 레스토랑 홍보, 웨딩 촬영, 기업 행사 스케치 등 점점 더 많은 일들이 들어오기 시작했다.

　곧 스스로에게 주는 선물로 미국의 대자연을 담는 50일간의 여행을 떠날 생각이다. 암흑기를 극복하고 본격적으로 일할 수 있게 된 비결은 별 거 없다. 먼저 '과연 될까?' 싶어 망설이고 있는 행동을 해버릴 것. 그리고 위기가 찾아온다면 오로지 '어떻게 성장할까'만 생각할 것. 여기에는 나의 단순함도 한 몫 했다. 2년간 먹고살 길이 캄캄한데도 다른 직업을 찾아야겠다는 생각은 단 한 번도 하지 않았으니 말이다. 세상에서 가장 어려운 일을 해내는 방법은 '단순하게 생각하기'인 것 같다.

"예전에는 남들의 평가가 두려워 SNS에 올리거나
누군가에게 보여줄 때 망설였다.
지금은 기쁜 마음으로 공유한다.
우선 내 사진에 스스로 자신감이 붙은 게 가장 컸고
그러다 보니 타인의 평가 앞에서도 당당해질 수 있었다."

"성공과 실패는 종이 한 장 차이다.
실패를 겪지 않고 성공한 사람이 있을까?
포기하는 순간이 진짜 실패하는 순간이라고 생각한다.
지금까지 내가 쌓아온 것들이 남들에게 '성공'으로
보일지 아닐지는 모르겠다.
어쨌든 나는 매일 크고 작은 실패를 겪으며 살아가고 있지만,
매일 한 걸음씩 나아지고 있다고 믿는다."

"2016년 내 버킷리스트 중 하나는 50일간의
로드트립을 떠나는 것이다. 미국 대자연을 뷰파인더에 담고 싶다.
그 여행이 내게 있어 커다란 도전인 이유는
그렇게 남긴 작품들이 다른 사람들에게 작은 꿈이나
영감이라도 줄 수 있길 꿈꾸기 때문이다."

episode

—

짬뽕 음악, 짬뽕 사진

스무 살 때, 대학을 그만두고 1년간 아르바이트를 하며 혼자 음악을 만드는 일에 몰두했다. 그리고 과감하게 데모 CD를 만들어 뉴욕으로 향했다. 레코드 회사에 들려주고 싶은 마음 때문이었다. 아르바이트로 모은 돈 5000달러(약 500만 원)로 세 달치 숙소를 잡은 뒤 매일 대형 레코드 회사부터 소형 레코드 회사까지 무작정 찾아 다녔다. 10곳 중 9곳은 문 안으로 들어가지도 못하게 했다. 하는 수 없이 회사 건물 앞에서 아침부터 저녁까지 기다리며 누가 들어가고 누가 나오는지 지켜보고 기다리면서 데모를 전달하곤 했다. 연락 오는 곳도 없었거니와 들고 간 돈은 금세 사라져 빈손으로 돌아와야 했다. 좌절감에 한동안 음악은 거들떠보지도 않았다. 한 달쯤 지났을까? 어느 날 내가 만든 데모를 다시 듣고는 깜짝 놀랐다. 엉망이었다. 그저 유명한 멋진 곡들을 짬뽕시켜 놓은 것에 지나지 않았다. 내가 좋아하는, 나만의 색깔이 담긴 음악이 아닌 누군가를 흉내 낸 음악일 뿐이었다.

사진으로 비즈니스를 처음 시작했을 때도 마찬가지였던 거 같다. '내 사진'이 아닌 '유명한 작가를 흉내 낸 사진'을 찍었고, 멋있게 보이는 것에만 열중했다. 처음 시작하는 사람이 있다면, 자기 작품을 한 발짝 떨어져서 객관적으로 바라보는 과정을 반드시 거치라고 말해주고 싶다. 그리고 내가 어떤 사람이고, 무엇을 원하고 무엇을 잘하는지, 자기 자신을 들여다보는 성찰의 과정을 거쳐보기를. 내 색깔이 담긴 나의 작품이 나와야 남들의 인정도 받을 수 있다.

"왜?"가 아닌
"그래!"라고 답해보자

-

좋아하는 일을 본업으로 삼았지만, 그 안에는 하기 싫은 일도 많이 포함되어 있다. 클라이언트와의 계약, 의견 조율, 스케줄 관리, 오피스 운영 및 관리, 서류 작업 등등⋯⋯. 어쩌면 내 일은 사진을 찍는 일이 아니라 비즈니스를 하는 일이라고 할 만큼 촬영 이외에 해야 할 일들이 많다. 더욱이 클라이언트의 요구사항이 내가 원하는 방향이 아닐 때, 내 생각을 접고 상대의 생각에 전적으로 맞춰야 할 때는 괴롭기도 하다. 이런 데서 오는 스트레스를 극복하는 방법은 간단하다. 하기 싫은 일이라도 언젠가는 끝이 난다는 거다. 이 일이 지나가면 다시 내가 좋아하는 촬영을 계속할 수 있다고 생각해버리면 된다.

클라이언트가 원하는 바를 잘 맞춰주는 것도 실력이다. 취미가 아닌 업으로 삼는 순간 다양한 성향과 스타일의 사람들을 만나게 된다. 이제껏 내 삶 속에서 인정하지 않았던 부분들을 인정해야 하는 순간도 온다. 그럴 때 "저 사람은 왜 저래?", "내가 왜 그런 걸 해야 하지?"라고 생각하기보다 "또 다른 방법도 있을 수 있구나.", "그래, 한 번 해보지 뭐"라고 받아들이는 마음이 필요하다. 틀린 것이 아닌 다름에 대한 인정, 그래야 그 사람과 사람 속에 숨은 세상의 모습을 멋지게 담을 수 있다.

포토그래퍼가
먹고사는 법

-

프리랜서 포토그래퍼이기에 매월 수입이 일정하진 않다. 평균 수입은 월 2,500~4,000달러 정도. 많을 때는 5,000달러를 넘기도 한다. 개인 인물 프로필의 경우 대략 300달러, 이벤트나 행사의 경우 건당 2,500달러까지 간다. 기업 제품이나 장소 촬영은 400~2,500달러, 그밖에 잡지 화보 촬영도 하는데 사진 분량이나 장소, 표지냐 내지냐에 따라 가격이 다 다르다. 최소 300달러에서 1,500달러까지 받을 수 있다.

미국 샬롯에서 활동하는 내 수입이 그런 것이라, 기준으로 삼기는 어렵고 지역마다 사람마다 천차만별일 거다. 하지만 중요한 건 작업물이 좋으면 의뢰는 들어오게 돼 있다. 내 경우 홍보를 위한 홍보는 아무런 효과가 없었다. 스스로 만족할 만한 사진을 찍는 것에 집중하고 포트폴리오를 잘 만들며 SNS에 꾸준히 올린 것이 수입을 얻게 된 비결이다. 내 작업물을 써줄 사람부터 찾지 말고, 다른 사람이 내 작업물을 보고 찾아오게 만드는 데 힘써보자. 식상한 얘길 수도 있는데 식상한 게 진리일 때도 있더라.

www.vingle.net/kyohnam

www.instagram.com/kyohnam

Case 11

연 봉 근

현재 직업 피트니스 o2o플랫폼 '투비크로스' 대표
덕질 분야 창업, 도전, 피트니스
빙글 계정 www.vingle.net/gostoping

"나이 마흔에
주저앉지 않기 위해
배움을 멈출 수 없다"

"돈과 배움의 기로에서
늘 배움을 좇았다.
연봉 높이기보다 내 가치를
높인 것은 살면서 내가 가장
잘한 일이다."

o

지금까지 네 개 학과에서 공부했다.
동양화, 세무, 경영, 마케팅.
이것들이 사업을 하는 내 머릿속에서
하나의 흐름으로 이어질 때마다 희열을 느낀다.
계속해서 공부하고 도전하지 않는 삶은 상상할 수 없다.
스스로 움직였기에 얻을 수 있었던 것들을 헤아리며
그리고 우리 아이들에게 해주고픈 것들을 되새기며
오늘도 새로운 목표를 마음에 품는다.

o

덕업일치 연보

2003~2004년	미대 진학. 자퇴 후 세무학과 진학
2008년	군대를 제대하고, 사회생활을 하겠다는 심경변화로 다시 자퇴 후 피트니스 회사 회계팀에 취업
2008년 4월	회계 업무에 적응완료. 영업 업무까지 맡게 됨
2010년 7월	결혼을 앞두고 운동 시작('투비크로스' 사업 아이디어의 시작)
2011년 3월	관리이사로 진급. 4개 지점에 대한 지분 얻음
2013년 3월	100% 지분을 갖고 있는 지점에서 새로운 피트니스 시스템을 실험
2015년 7월	회원 분석관리 프로그램을 구축하고 서비스명을 '짐매니저'로 명명
2014년 7월	소유하고 있던 피트니스 지점들 매각, 현재의 '투비크로스'의 서비스에 올인 중

배워야 사는
남자

마지막으로 다닌 학교는 창업 후 마케팅에 도움이 될까 해서 들어간 광고기획학과였다. 일이 바쁘다 보니 수업을 계속 빠지게 되어서 한 학기 만에 그만 뒀다. 그 전에는 피트니스 영업할 때 산학협력 제안을 받고 다녔던 경영학과였다. 더 이전에는 아버지 직업을 가업으로 잇겠다며 세무학과에 다녔었고, 그보다 이전에는 미술심리치료사를 꿈꾸며 미대에 진학했었다. 모두 졸업하지 않았고 나는 고졸이다.

이 모든 것이 지금 내가 사업을 하는 데 있어 도움이 된다. 미대에서 습득한 공간지각능력이 경영학에서는 마인드맵으로 다시 정리가 되었다. 세법이야 사업하는 사람에겐 무조건 필요한 것이고, 경영은 회사에서 실무를 통해 이미 익혔던 것들이지만 몸으로 익힌 것을 머릿속에 개념화하는 데 도움이 됐다. 광고기획학과에서는 광고와 마케팅이 큰 맥락 속에서 어떤 흐름을 가지고 있는지 알게 됐다.

다음엔 통계학과에 들어갈 생각이다. 사업 규모가 커질수록 데이터 관리가 중요하다는 걸 느낀다. 물론 그런 사람을 뽑으면 되지 않느냐고 할 수도 있겠지만 내가 경영자로서 그 사람과 커뮤니케이션이 되려면 나도 알아야 한다고 생각한다. 평생에 걸쳐 '배우는 습관'을 들여온 것이 나의 가장 큰 자랑이다.

연봉을 포기한
대가

국내에 퍼스널 트레이닝 시스템이 도입되기 시작하던 시기에 피트니스 회사에 들어갔다. 생긴 지 얼마 안 돼 막 성장하는 회사라 내가 배울 수 있는 게 많을 것 같았다. 세무학과에 다녔다는 이유로 회계팀에 들어가 초기 세팅부터 도왔다. 처음에 일곱 시간씩 걸리던 회계 업무가 시스템이 제대로 구축되자 두 시간이면 끝나버렸다. 회계는 잘하게 됐으니, 이제 못하는 걸 배워 나가고 싶었다. 대표를 찾아가 영업을 병행하겠다고 말했다. "지금 잘하고 있으니 그것만 하라"는 대표에게 일반적인 영업사원들이 받는 인센티브도 받지 않고, 기본급도 낮추며, 회계 업무를 끝내고 남는 시간에 영업을 하겠다고 제안했다. 의지의 표현이었고, 딜은 성사되었다.

2년간 월 100만 원 조금 넘는 돈을 받으며 하루 열두 시간씩 일했지만 결과적으로는 얻은 것이 훨씬 많다. 처음부터 영업과 맞는 스타일은 아니었지만 나중에는 60페이지짜리 내부 교육용 영업 자료를 만들며 사람 관리까지 하게 됐다.

조직 운영에 대한 노하우도 익혔다. 어차피 내가 따낸 영업 건에 대한 인센티브가 나에게 돌아오지 않기 때문에 내 몫을 다른 직원들에게 분배하며 직원들이 보상에 따라 어떻게 움직이는지 지켜봤다. 시간이 흐르자 직원들은 팀장이 아닌 나를 더 따르기 시작했다. 또한 내가 맡은 지점이 지역 1위를 달성하는 등 성과를 냈고, 나는 매니저 자리를 거쳐 관리이사 자리까지 올라갔다. 몇 년 뒤에는 4개 센터의 지분을 가졌고 그중 2개는 내 소유가 됐다. 회계

만 하고 있었다면 절대 일어나지 않았을 일이거나 빨라봤자 10년은 걸렸을 성과를 3년 안에 이룬 것이다.

원래 300만 원쯤 받아야 하는데 그 직장에서 100만 원밖에 줄 수 없다면 나머지 200만 원을 다른 가치로 지불 받을 수 있는지 따져봐야 한다. 나는 분명 200만 원어치 이상의 경험과 배움을 얻었다. 그것은 본인만이 판단 가능하다. 자신의 비전을 머릿속으로 어디까지 그리고 있는지가 중요한 판단 기준이 되어줄 것이다.

내 사업의
시작!

결혼 준비를 하기 전까지 피트니스 회사에 다니면서도 막상 내가 운동을 한 적은 없었다. 결혼식 날 옷태를 내기 위해 운동을 시작했다. 사람들이 왜 헬스를 지루해하는지 비로소 알게 됐다. 또한 재미있는 스포츠가 많음에도 굳이 지루한 헬스를 선택하는 건 자신에게 맞을지 안 맞을지 모르는 새로운 운동에 거금을 들이는 모험을 할 수 없기 때문이라는 결론을 내렸다. 지금의 사업 '투비크로스'를 창업하게 된 계기다.

또 하나, 피트니스 센터에서 영업관리 이사로 있다 보니 운영이 잘 안 돼 힘들어하는 센터 대표님들이 종종 찾아왔다. 이런저런 조언을 해드려도 몇 달 뒤에 또 찾아오시곤 했다. 피트니스 센터 시장은 의외로 전문가가 운영하기보다 장사하던 사람들이 매출액이 크다 싶어 대뜸 뛰어드는 경우가 많다. 하지

만 회원권으로 선수금을 받아 수입을 내는 구조라 오픈 초기가 지나면 자칫 적자가 지속되다 문 닫는 일 또한 비일비재하다. 소위 회원 모집 후 문을 닫아 버리는 '먹튀'가 그런 경우에 발생한다. 감으로 운영하지 않고 철저히 데이터 화하고 매뉴얼화하면 사업자에게도 소비자에게도 좋을 거란 생각이 들었다.

그래서 투비크로스는 '짐 매니저'와 '짐 패스'라는 두 가지 서비스를 한 다. '짐 매니저'는 센터를 대상으로 우리가 만든 프로그램을 통해 회원 데이 터를 분석해서 운영 컨설팅과 영업 교육을 제공하는 서비스, '짐 패스'는 소 비자들을 대상으로 여러 종류의 운동 체험을 제공하는 일종의 멀티 회원권 모바일 앱 서비스다.

나는 '부자 아빠'를 꿈꾼다

어릴 적, 아버지가 어느 날 직장을 때려치우고 홀연히 절로 들어가 3개월 만 에 세무사 시험에 합격하셨다. 아버지 연세에, 더군다나 딸린 가족이 있는 상 황에서 굉장한 도전이었고 그 모습이 내겐 크나큰 충격이었다. 덕분에 고등 학교 때부터 아버지가 개업한 세무사 사무실에서 계약서 쓰는 법을 곁눈으로 배웠고 사업가 마인드를 조금씩 익힐 수 있었다.

아버지가 된다는 것은 신기한 일이다. 내가 아버지의 영향을 많이 받았 듯 아이들에게도 좋은 영향을 주고 싶다. 그 욕망이 정신없이 바쁜 삶을 감수 하게 해주는 커다란 힘이다. 나는 '부자 아빠'가 되고 싶다. 돈으로부터의 자유와 시간으로부터의 자유 두 가지를 얻어야 진짜 부자라고 할 수 있다. 지금은 두 가지 모두에서 자유롭지 않지만, 아이들에게 그런 가족이 되어주는 날을 위해 앞으로도 계속 배우고 도전할 생각이다.

episode
—

대학을 네 번 다닌 진짜 이유

이건 좀 바보 같은 에피소드인데, 고등학교를 졸업하면 대학교에 진학하듯이 대학교를 졸업하면 대학원에 진학해야 하는 줄 알았다. 내가 배우는 것들은 학원에서도 배울 수 있었지만 사람들을 만나 네트워크를 구축해두려고 매번 대학교에 들어갔다. 그러면서 늘 '다음번에 배우고 싶은 것'도 함께 계획했기 때문에 그다음 대학에 가기 위해서 졸업까지는 하지 않았었다. 학부 졸업을 해도 다른 학부에 또 들어갈 수 있다는 것을 얼마 전에야 알았다. 하하하…….

공부는 당연히 계속할 건데 '졸업장'이 필요한 이유가 딱 하나 생겼다. 아이가 유치원에 들어갈 때 가정통신문에 아직도 부모의 학력을 적더라. 그래서라도 학부를 마쳐야겠다는 생각은 하고 있다. 다음번 대학에서는 졸업장 받아야지.

연 봉 근 의 TIP

지금 당장
미국 갈 수 있어?

-

'스타트업에 뛰어들려면 무엇이 필요한지'에 대한 질문을 자주 받는다. 그런데 다 포기해야 한다. 적어도 나처럼 아직도 발전해 나가는 단계라면 그렇다. 한 투자사 대표는 미팅 때 첫 질문이 "오늘 비행기로 미국 가라고 하면 갈 수 있어?" 이것이다. 이런저런 못 가는 이유를 대면 그냥 집에 가라고 한다. "넌 지금 사업할 때가 아니야. 그냥 가정 지켜" 하면서.

농담 반 진담 반인 것 같지만 사실 그 말에 공감한다. 스타트업에 뛰어드는 사람 중 대부분이 단기간에 웬만한 대기업처럼 수익률을 내주길 바라는 경우가 많다. 수천 수만 명이 오랜 시간 노력해서 쌓은 부를 따라잡는다면? 정말 신의 축복을 제대로 받은 사람일 거다.

사업을 벌이고 만족할 만한 수준까지 올려놓으려면 일 외의 모든 것은 전부 포기해야 한다. 사업에 중간이 어디 있겠는가. 손해 아니면 이익이다. 어정쩡하게 뛰어들어서는 안 되고, 달성할 목표 빨리 넘겨가며 다음 스텝을 밟아야만 한다.

나이 마흔에
꺾이지 않으려면…

-

이력서를 받다 보면 연봉 인상만 노리며 회사를 옮겨 다니는 친구들이 눈에 보인다. 첫 회사에서 2천 받고 1년, 다음 회사에서 2천5백 받고 1년, 그다음 회사에서는 2천8백……. 나는 그 사람의 최후는 연봉 하락이라 생각한다. 그것도 꽤 빠른 시간 안에. 30대 중후반에 8천만 원을 부르던 사람이 40만 되면 다시 5천으로 떨어진다. 왜 연봉 낮춰서 지원했냐고 물어보면 "나이가 많아서 안 써준다"고 대답한다.

늘 직원들에게 얘기한다. 운이 좋아 연봉 5천, 1억, 2억 갈 수도 있겠지만 그것보다는 그 과정에서 너 자신에게 남은 것과 배운 것이 무엇인지 생각했으면 좋겠다고. 우리 회사를 연봉 점프의 도구로 사용해도 좋지만 그것보다 스스로가 여기서 많이 배우고 성장했으면 좋겠다고. 눈앞에 몇 백만 원 인상만 생각하다 보면, 생각보다 이른 나이에 가치 하락 시점이 온다. 그렇게 되지 않기 위해 장기적으로 자신의 가치를 성장시켜 갈 방법을 꼭 생각했으면 좋겠다.

나의 사업
'투비크로스'는

–

피트니스 시장은 기본적으로 성수기에 왕창 벌어서 비수기 적자를 메우는 구조다. 더군다나 저가 경쟁을 거듭하다 보니 당장은 수익을 위해 회원 모집에 열을 올리고 막대한 홍보비용을 쓰지만, 막상 기존 회원들의 재등록율이 떨어져 악순환을 거듭한다. 소비자 입장에서는 헬스가 지루하다. 그럼에도 다른 걸 하려고 들면 해보지 않은 것에 장기 등록을 하는 것이 부담스럽다. 새로운 다이어트 기법과 운동법들은 계속 유행했다 사라지는데, 보다 실용적으로 다양한 운동을 체험해보면서 자신에게 맞는 것을 찾아갈 수 있으면 좋겠다.

우리가 만들고 있는 서비스는 이러한 쌍방의 니즈를 모두 충족시켜 주는 서비스다. 멀티회원권을 통해 다양한 운동을 체험해보고 장기회원권으로 넘어갈 수 있는 연결고리를 제공한다. 또 소비자들의 운동패턴과 회원권 등록 패턴을 분석해서 보다 고정적인 매출을 발생시키고 안정적 운영을 할 수 있도록 돕는다. 저가 경쟁으로 망가진 시장과 운동 여건 개선에 기여하고 싶다.

www.vingle.net/gostoping

www.gymmanager.co.kr

Case 12

김 연 수

현재 직업   연예기획사 부대표
덕질 분야   음악
빙글 계정   www.vingle.net/yskim95

"내 덕업을 더 좋은
일자리로 만드는 것이
마지막 목표"

"앞으로 내가 해야 할 일은
엔터테인먼트 업계가 후배들에게
더 좋은 일자리가 될 수 있도록
여건을 만들어가는 것이다."

o

하고 싶어서 시작한 일이지만 많이 힘든 일이다.
그래도 어느 순간 찾아오는 한 번의 희열이 나를 이끈다.
아무리 좋아하는 일이라도, 좋은 순간보다 힘든 순간이 훨씬 많다.
어쩌면 그 비율은 1:99일지도 모른다.
하지만 '돈을 번다'는 목적 외에,
내가 이 일 때문에 행복한 순간 하나는 있어야 한다.
그래야 계속할 수 있다. 앞으로 내가 해야 할 일은
이곳이 후배들에게 더 좋은 일자리가 될 수 있도록
여건을 만들어가는 것이다.

o

덕업일치 연보

1989년	중학교 1학년 일본 유학시절, 첫 카피밴드 콘서트 관람. 엑스재팬의 「미스캐스트」란 곡을 듣고 반해버림
1989년	카피밴드 블랙신드롬 결성, 보컬 및 리더 활동 시작
1994년	고등학교 졸업 전, 마지막 공연 후 블랙신드롬 해체
1995년	한국 귀국 후 대학 입학
2001년	'SM 엔터테인먼트' 입사와 더불어 일본의 '언리미티드 그룹' 과 비즈니스 시작
2003년	'언리미티드 그룹'으로 이직, 'YG 엔터테인먼트'의 아티스트 매니지먼트 시작
2005년	소속사 아티스트 글레이, 175라이더 등 록밴드 매니지먼트 시작
2007년	엑스재팬 재결성과 함께 엑스재팬 제작운영관리 위원회의 팀원이 됨
2008~2009년	한국 투어와 홍콩-대만 월드 투어 담당자로 참가
2012년	'플레디스 엔터테인먼트' 합류, 세븐틴 캐스팅 및 트레이닝 등 제작 총괄

연예에 대한
환상

알려고도, 하려고도 하지 말라고 하고 싶다. 겉으로 보이는 화려함만 보고 들어오면 금방 지쳐 떠나기 십상이다. 예쁘고 멋진 아이돌들, 멋있는 무대 5분을 위해 밤새 연습한다. 스태프들도 마찬가지다. 그냥 직장이라 생각하고 들어오면 버티기 어렵다. 기본적으로 24시간 대기조다. 밤낮 주말 없이 공연, 촬영, 방송…… 일정이 있으면 무조건 일한다. 뮤직비디오를 찍는다고 해보자. 새벽 6시부터 준비해서 24시간 꼴딱 새우면서 촬영하고 모니터링 한다. 사람을 데리고 하는 일이니 언제 터질지 모르는 사건사고에 늘 대비해야 한다. 고생은 고생대로 하고, 욕은 욕대로 먹는 경우도 있다. 명보다 암이 많은데, 밖에서 암은 잘 안 보인다.

심지어 이제 나이 마흔씩 먹은 내 친구들까지 그런다. 내 SNS에 유이가 댓글 하나 달아주면 "우와~ 대박!", "넌 맨날 봐서 좋겠다!" 나 유이 본 지 두 달도 넘었는데? 가수가 뭐 회사 출퇴근하는 것도 아니고 일정 없으면 안 와, 이 녀석들아!

지난 15년, 재밌었다는 말은 안 나온다. 정신적 스트레스와 더불어 육체적 한계도 종종 느끼는 업이다. 그러면 나는 이 일을 왜 하냐고? 처음엔 너무 하고 싶었던 일이라서, 그리고 지금은 내 작품 하나씩 남기는 거 같은 기분 때문에. 돌이켜보면 고생한 얘기뿐이라 하기에도 민망하다. 무슨 자랑이라고. 하지만 만약 누군가, 굳이 알고 싶다는 이가 있다면, 참고가 될까 하는 마음에 내 얘기를 해보기로 한다.

일본 북해도에
'한국에서 온 기무라'가 있었지

엑스재팬의「미스캐스트」란 곡을 혹시 아는가? "빰빰빰빰빰 뚜뚜뚜뚜뚜!" 이렇게 시작하는 거. 저음이 귀를 막 때리는데, 그런 사운드는 태어나서 처음 들었다. 그 당시 한국에서는 변진섭 노래가 한창이었다. 피아노나 신시사이저로 시작하는 그런 음악만 듣다가 드럼, 베이스, 기타가 한 번에 '빠방' 하고 터지는 걸 들으니까, 속된 말로 '뻑 간 거'다.

사실 진짜 엑스재팬 공연도 아니었다. 100명 정도 들어가는 라이브하우스 같은 곳에서 아마추어 카피밴드 몇 개가 돌아가면서 노래하는 공연이었다. 중학교를 일본에서 다녔는데, 친구들이 천 엔(만 원)에 티켓을 팔면서 보러 오라고 해서 간 거다. '내 인생에 이렇게 멋있는 건 처음 본다, 나도 이거 해야겠다.' 그런 생각을 했다. 다음날부터 학교에서 친구들한테 묻고 다녔다. "기타 칠 줄 알아? 밴드 어떻게 하면 되는 거야?" 아직 일본 말도 서툴 때였는데 밴드 하겠다고 사람을 모았다.

내가 노래를 잘하는지도 몰랐다. 그전엔 불러본 적도 없고, 딱히 음악을 좋아하지도 않았다. 보컬을 맡은 것도 그냥 보컬이 제일 멋있으니까? '멋있는 건 내가 해야지!' 뭐 이런 중2병스러운 마음. 3개월 만에 밴드를 결성하고 처음 마이크를 잡아봤는데, 어라? 제법 음이 높이 올라가네? 신이 났다. 학교 끝나면 그것만 했다.

밴드 이름은 블랙신드롬, 6년 정도 활동을 했다. 북해도 지역에서 제법 인기가 있었다. 한 번은 삿포로 TV 채널에 소개가 됐다. "한국에서 유학 온

기무라는 소프트에서 하드까지 다 소화하는 매력적인 보컬이자 어쩌고저쩌
고……" 이런 칭찬도 좀 들었다. 그러다 보니 이게 바로 내 길이다 싶었다.

당신이
애를 망쳐놨어!

고등학교 졸업 무렵 일본의 한 레코드 회사에서 스카우트 제의를 받았다. 당
연히 갈 생각이었지만, 뜻대로 됐다면 지금 내가 이 책에 나오는 일은 없었을
거다. 식상하게도, 다음은 부모님의 반대 스토리가 이어진다.

집안이 음악을 하는 분위기가 아니었다. 금수저, 은수저 뭐 이런 계열은
아니지만, 온 집안이 다 공부하는 사람들이었다. 의사, 교수, 기타 등등. 게다
가 난 장손. 그러니 대학 안 가고 음악 하는 걸 용납받을 수 없었다. 부부싸움
마저 일어났다. 왜 일본을 와 가지고 애를 망쳐놨냐느니, 당신 때문에 일본에
온 거라느니……

"대학 졸업하고 나서 너 하고 싶은 거 해." 모든 부모님들의 뻔한 설득 레
퍼토리에 넘어갔다. 온 집안에 평지풍파가 일어났는데 내 꿈 이루겠다고 가출
할 수도 없고, 그래, 4년 금방 가겠지. 대학 가서 밴드 하지 뭐.

내 우상들과 같이
일을 하다니

고등학교 시절 내내 음악만 했으니 공부를 했을 리가 없다. 그래도 수학 하난 잘했다. 그건 자존심 같은 거였다. 일본에서 홀로 한국인이란 이방인의 존재로 무시당하기 싫은 거. 일본 애들한테 지고 싶지 않은 사춘기의 애국심도 좀 있었다. 수학만큼은 1등을 놓치지 않았다. 덕분에 한국에 있는 모 대학 수학과에 무사히 합격했다.

하지만 음악은 다시 못했다. 한국은 서태지와 아이들과 H.O.T, 아니면 힙합이 한창인 때라 록밴드를 할 분위기가 아니었다. 한때 음악을 했었다는 사실조차 까맣게 잊은 채 여느 대학생들처럼 공부하고 연애하고 군대 다녀오고, 어느새 졸업반이 됐다. 수학과를 나왔으니 남들은 금융권, 엔지니어 이런 쪽으로 준비들을 하는데 나는 도저히 하루 종일 숫자 만지면서는 못 살겠더라. 문득 내 꿈이 가수였던 게 생각났다. 그런데 나이 스물여섯에 다시 가수는 어려울 거 같고, 그럼 가수를 만드는 일은 어떨까? 일본어를 할 줄 아니까, SM 재팬에서 일해 보면 좋겠다 싶었다.

SM에서 일본으로 라이센싱 아웃*을 담당했다. 그러다 언리미티드 그룹 (Unlimited Group)과 인연이 돼 스카우트 제의를 받았다. 글레이, 샤카라빗츠, 175R과 같은 세계적인 록밴드 여럿이 소속된 회사였다. 원래 록을 좋아했으니 좋은 기회였다.

● 한국 음악을 해외로 내보내는 일

어느 날 엑스재팬의 재결성 소식이 들렸다. 그러면서 엑스재팬 제작운영 관리위원회 같은 게 생겼다. 거기서 너무너무 일하고 싶다고, 시켜달라고 했다. 디지털 싱글 앨범을 내고 월드 투어 도는 일을 맡았다. 꿈만 같았다. 내 우상들과 같이 일을 하다니!

경제적, 육체적, 정신적 한계의 쓰리 콤보

하지만 이 일, 경제적으로 육체적으로 또 정신적으로 어느 하나 쉽지 않다. 처음 취직했을 때, 한 달에 64만 원 받고 일했다. 하고 싶은 일이고 배우고 싶은 일이었기에 망정이지, 돈 벌겠다고 했으면 바로 포기했을 거다. 15년 전 월급이긴 하지만, 지금도 이 업계는 기본적으로 박봉이다. 일이 잘 성사되어야, 소속 가수나 배우가 성공해야 수입이 생기는 구조이기 때문에 그전까지 못 버는 건 각오해야 한다. 규모가 큰 몇몇 회사를 제외하곤 대부분 그렇다.

체력적 한계도 많이 온다. 엑스재팬과 일할 때, 하루 서너 시간 잘까 말까 했다. 보통 퇴근 시간은 새벽 2~3시, 집에 들어가서 침대에 누워 노트북으로 이메일 확인하다 자고, 아침이 되면 다시 출근하는 일을 거의 매일 반복했다. 낮에는 회사에서 일상적인 업무를 보고 새벽에는 관련 기사 뜬 거 없나 확인하고, 아침에 해외에서 전화가 오면 다시 하루가 시작되는 생활이었다.

무에서 유를 창조해야 하는 일이다 보니 크리에이티브에 대한 압박도 있다. 원석인지 돌인지 모르는 사람을 캐스팅해 와서 트레이닝시키고, 실력이 어느 정도 올라서면 그에 어울리는 곡을 뽑고, 어떤 콘셉트로 갈 건지, 프로모션은 어떻게 할 건지 결정하고 만들어가는 과정들을 거쳐야 마침내 데뷔라는 걸 시킬 수 있다. 그 모든 과정 중에 어느 하나만 부족해도 잘 안 된다. 고생 끝에 낙이 안 올 수도 있는 거다.

때론, 일당백이어야 한다. 캐스팅, 제작, 매니지먼트, 트레이닝, 프로모션까지. 아티스트가 활동을 할 수 있도록 만드는 데 필요한 모든 일에 관여해야 한다. 사생활, 안타깝지만 보장 어렵다. 주말에 방송하면 나와야 하고 일 터지면 나와야 한다. 친구, 연인, 가족과의 시간도 못 지킬 수 있다. 항상 그런 건 아니다. 다만, 언제든 그럴 가능성이 있으므로 대기조처럼 지낸다.

물론 이 업도 시스템을 갖추고 있는 큰 회사들은 업무가 다 나뉘어 있다. 하지만 작은 회사들은 아직 소수 정예라고 봐야 한다. 나 역시 부대표라는 직위를 갖고 있지만 모든 과정을 함께 한다. 잡다한 서류작업까지는 아니더라도 브레인스토밍부터 일을 만들어 나가는 과정에 있는 모든 업무에 책임을 지고 있다.

그래도 요즘은 큰 회사들이 자리를 잡은 덕분에 업계 전체가 조금씩 체계가 잡혀가고 분업화되고 있다. 예전보다는 점점 더 할 만해지고 있다는 게 위로 아닌 위로랄까.

다니고 싶은
회사를 만드는 것

그래도 마지막에 결과물이 딱 나오면 그간의 모든 스트레스가 한 방에 날아간다. 내 작품 하나 제대로 남긴 것 같은 기분. 우리가 같이 만든 음악이 길에서 들릴 때의 희열을 말로 표현할 수 없다. 길에서 들린다는 건 사람들이 듣는다는 거니까. 이게 이 일을 계속하는 원동력인 거 같다.

희망이 있다면 지금 회사를 더 큰 회사로 만드는 거다. 일단 회사가 크면 안정적으로 수익을 낼 수 있고, 일자리 창출도 더 많이 할 수 있다. 그러면 이 일이 너무 하고 싶은데 최소한 자리가 없어서 못 들어오는 일은 덜 할거 아닌가.

다음 꿈은 이 업계에서 가장 다니고 싶은 회사를 만드는 거다. 나는 이제 크리에이티브하지 않다. 20대, 30대 직원들만큼 잘할 수 없다. 대신 내가 해줄 수 있는 건 직원들이 더 일하기 편한 환경 만들어주는 거, 일에만 집중하고 자기 역량 최대한 발휘할 수 있게 해주는 거라 생각한다. 한 달에 천만 원씩 주거나 초호화 사무실을 제공할 순 없지만, 추우면 안 춥게 해주고 허리 아프면 허리 편한 의자로 바꿔주고 너무 늦게 들어가면 다음 날 조금 쉬다 나오게 해주고 먹고 싶은 거 먹게 해주고……. 그런 정도는 해줄 수 있는 회사였으면 한다. 쉽지는 않을 거다. 만인을 만족시킨다는 건 불가능이겠지만 내가 할 수 있는 선에서의 유토피아를 만들겠다는 꿈은 있다.

또 하나, 기회가 된다면 이 업에서 하는 일들에 대해 가르치는 것도 괜찮을 거 같다. 원론적인 거 말고 실전. 앞서 말했듯 누군가 하겠다면 말리고 싶은 일이지만 굳이 하겠다고 한다면, 현장을 맞닥뜨렸을 때 훅 들어올 수 있는 충격 정도는 막아주고 싶어서. 단, 정말 신중하게 결정하라고 하겠지.

따귀를 때렸다는 오해

크게 오해를 산 적이 있다. 엑스재팬 월드 투어 하면서 대만 공연을 갔을 때였다. 기자 회견을 하는데, 원래대로라면, 아티스트가 오기 전에 기자들이 먼저 와서 자리를 잡고 기다리고 있어야 하는 게 맞다. 근데 기자들이 반도 안 와 있는 거다. 나는 또 일에 대한 욕심이 너무 많은 사람이었고, 그러다 보니 그런 상황 앞에서 미칠 거 같았다. 현지 담당자에게 회의 때 분명히 말했는데 일 처리를 왜 이렇게 하냐고 화를 냈다. 어찌어찌해서 3분의 2 정도 자리가 찼는데, 아티스트는 더 이상 못 기다리겠다고 회견장으로 나와 버렸다. 직원들이라도 자리를 채워야 했다. 기자회견장이 비어있는 모습으로 사진이 나갈 순 없으니까. 마침 현지 담당자가 입구 옆에 앉아 있길래 빨리 들어오라고 손짓을 막 했다. 하필 내 새끼손가락이 그 친구 안경 끈에 걸렸고, 그 바람에 안경이 나가떨어졌다. 내가 따귀를 때렸다는 소문이 돌았다. 사실 그전에 공연 준비 미팅 때부터 현지 직원들이랑 많이 싸웠다. 내가 당연히 해야 될 일이라고 생각해서 그랬던 건데, 그간 마음이 상했던 직원들이 클레임을 건 거다. 어쩌다 손가락이 걸려서 생긴 실수임을 다 알면서도……. 내가 평소에 좋은 관계로 지냈다면 오해가 금방 풀렸을 텐데. 연봉 삭감까지 당할 정도로 많이 혼났다. 내 행동이 곧 엑스재팬의 이미지와 직결되니까 그럴 수밖에 없었다. 안경이 문제가 아니라 내가 평소 보여줬던 이미지들이 쌓여서 벌어진 결과다.

그래서 늘 후배들에게 말한다. 예의에 신경 쓰라고. 안 그러면 나처럼 된다고, 언제 한 번 큰코다치는 일이 올 수도 있다고. 그리고 나부터 그런 모습을 보여주려고 많이 노력한다.

다양한 경험이 성장에
밑거름이 된다

-

'좋아서 하는 일'이라는 건 단지 열혈 팬인 것과는 또 다른 얘기다. 취미는 말 그대로 취미니까 내가 하고 싶은 거만 하면 된다. 일은 하고 싶지 않은 것도 해야 한다. 만약 음악을 만드는 게 내 일이라면 음악을 만들기 위해 필요한 일은 다 해야 하는 거다. 뮤직비디오 촬영 현장 가면 추위에 떨어야 하니까 실내에서 타이핑 치는 것만 할래, 이럴 순 없다. 책임감도 따른다. 맡겨진 일은 반드시 해야 한다. 자신과의 약속이자 남과의 약속이다. 돈을 받고 하는 거니까, 잘해야 하는 거다.

어느 업이나 마찬가지겠지만, 원치 않는 일이거나 비교적 적성에 안 맞는 일이라 해도 여러 가지 업무를 두루 경험하고 해보면 분명 도움이 된다. 결국 그 업에서 끝까지 있으려면 다 해보는 게 유리하다. 제작도 하고 캐스팅도 하고 매니지먼트도 하고 트레이닝도 하고, 다 잘해야 된다는 얘기는 아니다. 누구는 제작이 전문이고 누구는 매니지먼트가 전문이겠지만 나중에 경영을 하는 직책에 올라갔을 때 내가 해보지 않은 일에 대해선 말을 못한다. 조금이라도 경험을 해서 어떻게 돌아가는지 어느 정도 알아야, 지시를 하고 사람 관리를 할 수 있다. 그래서 젊었을 때 다양한 경험을 해보라고 하는 거다. 언젠간 반드시 그 경험 덕을 보게 되니까.

똑똑하게
일하자

-

학교 다닐 때 보면 도서관에 자리는 제일 많이 맡아놓는데, 시험은 못 보는 친구들 있다. 가만 보면 자리만 맡아 놓고 나가서 노는 시간이 더 많다. 그러고는 매일 새벽같이 일어나 도서관 왔는데 시험 못 봤다고 징징댄다. 일찍 오고 오래 있는 게 문제가 아니고 그 시간 동안 제대로 공부하지 않은 게 문제다.

일도 그렇다. 직원들에게 회사에 앉아서 인터넷 서핑하고 애들이랑 농담 따먹기 하면서 시간 보내지 말고, 차라리 나가서 여가시간 즐기라고 한다. 트레이닝하는 친구들한테도 똑같이 말한다. 새벽 4~5시까지 연습하고 다음날 피곤한 모습으로 나올 바에야, 차라리 네가 한 번 연습한 걸 찍어서 한 시간만 돌려보며 모닝터링 해보라고 한다. 그래야 자기가 뭐가 잘못됐고, 뭐가 문제인지 보이거든. 그러면 다섯 시간 연습할 거 두 시간만 연습하고 세 시간은 잠을 자거나, 아니면 다른 사람 영상 보면서 공부를 할 수도 있다. 되게 중요한 거라고 생각한다. 어차피 주어진 시간은 정해져 있고, 내가 활용할 수 있는 시간이 적은 직업이다. 거기서 시간 활용을 똑똑하게 하지 않으면 즐길 수도, 성장할 수도 없다. 뭐, 워낙 이 직종에 야행성이 많으니까 이해는 한다. 나도 그랬었고. 하지만 확실한 건, 무턱대고 자리 지키고 앉아 있는 거, 별로 도움 안 된다. 똑똑하게 연습하고 똑똑하게 일하는 게 좋다.

www.vingle.net/yskim95

www.seventeen-17.com

추   천   의   글

취향을 숨기는 게 미덕이던 시절이 있었다.

잘하는 과목은 국·영·수 중에 하나, 취미는 영화보기-음악감상, 이상형은 장동건-김희선을 읊어야 '정상인' 범주에 들어가 다른 사람들과 하하호호 떠들 수 있었던 때. 다른 사람과 '다름'은 곧 '틀림'이므로, 이를 들켰다간 정상 궤도에서 이탈해 남은 인생 횡단보도 위에서 10원짜리를 구걸하게 될지도 몰랐던 시절.

알다시피 시대가 그리 좋아지진 않았다. 오히려 더 나빠졌다. 우리는 여전히 국·영·수를 종교처럼 떠받들고 있으며, 데이트 코스는 극장-식당을 건조하게 오간다.(설마 나만 그래?) 그 뿐인가. 사람처럼 살 수 있는 유일한 길은 '공무원 되기'인 듯하다.

남들과 똑같이 살아도 남들만큼 먹고 살까 말까인데, 덕질? 네가 뭔데 감히 남들 다하는 거 '스킵'하고 돈 안 되고 인정 못 받는 희한한 짓거리에 매달리며 인권이네, 최저생계비네 떠들고 있단 말인가. "나는 내가 좋아하는 일에만 몰두한다"며 단단히 '미친' 덕후들도 마음 아주 한 구석 뜬금없이 올라오는 이 미묘한 죄책감을 완전히 무시할 순 없다.

이 책은 그 끈질기고 불편한 죄책감에 내리는 최선의 처방전이다. 어설프게 미치는 게 문제지, 제대로만 미친다면 먹고살 길은 열리더라는 '또라이' 선배들의 경험담. 짱짱한 노후 연금과 놀면서도 돈 버는 복지 정도를 포기한다면, 이 땅에 직업은 무궁무진하고 지금 이 시간에도 계속해서 생기고 있다. 그리고, 국·영·수에 목매고 번듯한 직업 찾아 헤매본 선배로서 말하건대, 이 땅에서 짱짱한 노후와 놀기 좋은 복지를 제공하는 직업이란 귀신과 같다. 모두가 어디선가 봤다는데, 그 어디에도 없다.

그러니 두 눈을 번쩍 뜨고, 이 책을 꼼꼼히 보길 권한다. 덕질과 직업의 연결고리는 보기보다 가까이 있다. 스스로도 '대체 이게 뭔 짓인가' 싶었던 일에서, 소소하겐 월급이, 거창하겐 넓은 평수의 아파트와 외제차가 뚝딱 생길지도 모를 일이다.

'뉴스에이드' 편집장, 「열정 같은 소리 하고 있네」의 저자 이혜린

○ 첫 번 째
에 필 로 그

개미뿐인 집안에서 태어나 베짱이 취급을 받으며 자랐다. 베짱이 성향을 타고 났으니 베짱이답게 자랐으면 좋았을 텐데, 그땐 베짱이가 나쁜 것인 줄 알았다. 억지로 개미가 되어보려 노력한 적도 있으나 호박에 줄 긋는다고 수박되던가, 베짱이는 타고나길 개미가 될 수 없는 존재다. 결국 이도 저도 아닌 어설픈 베짱이로 30대 중반을 맞이한 지금, 늘 후회하는 건 개미가 되기 위해 좀 더 노력하지 못한 것이 아니라 당당한 베짱이로 살지 못한 것, 더 완전한 베짱이가 되지 못한 것이다.

수은주가 영하 17도를 찍은 2016년 1월 어느 일요일 저녁, 난방기기마저 힘겨워 차가운 숨 뱉어내는 사무실에 앉아 첫 원고를 쓰기 시작했다. 따뜻한 물에 손가락 끝을 녹여가며 키보드를 두드리다 버럭 화가 치밀었다. '이럴 거면 내 책을 쓰지!'

휴가로 떠난 서호주의 사막 한가운데, 이름 모를 캠핑장 공공 화장실에서 마지막 원고를 썼다. 노트북 배터리가 떨어질까 전전긍긍하다 찾아낸 유일한 콘센트가 거기 있었기 때문이다. 또 한 번, 울컥 화가 솟았다. '아니, 이럴 거면 내 얘길 쓰자니까!'

하지만 또렷이 기억한다. 열두 명의 인생을 들여다보며, 또 그들의 이야기를 되작되작 되짚으며, 마치 빙의라도 한 양 부르르 떨었던 순간이 몇 번이나 있었는지를. 나 자신을 들여다보는 것 같은, 남의 이름을 빌려 내 얘기를 쓰고 있는 듯한, 그런 순간. 그러니까 어쩌면 이 책은, 아니 이 프로젝트는, 어릴 적부터 내 안에 켜켜이 쌓여온 욕망의 발현인지도 모르겠다. 개미가 아니면 '별난 종자' 취급을 받는 세상에서 '베짱이가 잘 먹고 잘 사는 게 너무나 마땅함'을 부르짖고 싶었던 욕망.

오천만 인구가 사는 대한민국, 그중 겨우 열두 명의 이야기가 무슨 대단한 반향을 일으킬 거라곤 기대치 않는다. 그래도 나비효과라는 게 있지 않은가. 우리들의 작은 날갯짓이 단 몇 명의 청춘에게라도 영감과 용기를 줄 수 있다면, 또 그 여파가 꼬리에 꼬리를 물고 이어질 수 있다면, 언젠간 진짜 올지도 모르잖아? 가장 나답게 살아도 되는 세상, 내 후배가, 내 자식이, 가장 자기다운 길을 가면서도 잘 먹고 잘 살 수 있는 그런 세상!

대학내일20대연구소 책임연구원 호영성
(총괄 기획 및 인터뷰 진행, 원고 집필)

○ 두 번째
에필로그

나는 내내 불만이었다. '그들이 왜 특이할 수밖에 없는가'에 대하여. 본인의 '덕질', 그것을 업으로 삼는 일. 뭐야, 정상이잖아! 그건 인간의 고귀한 본능이잖아! 아닌가? 직업은 생필품 가짓수만큼 많아졌으나 본인이 원하지 않는 일을 업으로 삼는 일은 배수로 늘어났다. 내 가족이, 친구가, 이웃이, 인간의 가장 기초적인 본능—원하는 것을 얻는 욕망—을 배제하며 살아갔다. 대체 무엇을 위하여? 무엇이었든 "네 행복을 위한 선택이었어?"란 직격탄 질문엔 눈을 껌뻑껌뻑 벙어리가 될 수밖에.

나는 내내 찌릿찌릿했다. 책의 주인공들이 하고 싶은 거 하고 사는 '덕후'란다. 누구일까? 어떤 생각을 하며 살아갈까? 다른 인생을 훔쳐볼 수 있다는 것, 잠시 다른 인생을 살아볼 수 있다는 건 인터뷰의 미학이다. 사연을 읽고 만나기 전 그들을 머릿속에 그려봤다. 혹 눈은 삼각형이고, 입은 오각형이 아닐까? 만났다. 아니었다. 버스에서 스칠 만한 평범한 이들이었다. 나일 수도, 당신일 수도 있는 이들이었다. 그래서 질투했다. 분노했다. 젠장! 이제껏 난 대체 뭘 하며 살았던 거야! 내 인생을 통째로 입원시키고 싶었다.

나는 내내 감사했다. 우리 대신 잘 살아주는, 이 비정상적인 세상에서 정상적으로 사는 당신에게. 만나러 가는 길 그리고 만나고 돌아서는 길, 온갖 상념은 질주했다. 이상 기류를 탄 감정에 휩싸이기도 하고, 케케묵은 버킷리스트를 하나둘 꺼내보기도 했다. 그것부터 시작이다. 마음이 동하는 것. 내가 하고 싶은, 참 정상적인 일을 찾아가는 것. 난 이 책이 건설한 '인간 여행(난 그렇게 부르고 싶다)'의 은혜를 입은 첫 수혜자였다. 마음은 움직였다. 자, 난 어떤 행동을 할 것인가. 당신은? 우린 결코 늦지 않았다.

포토그래퍼 강미승
(열두 명의 덕후들 현재 사진 촬영)

유쾌한 밥줄을 찾는 열두 가지 방법
덕질로 인생역전

초판 1쇄 발행 2016년 3월 14일
초판 2쇄 발행 2016년 4월 11일

기획·엮은이 대학내일20대연구소
공동 기획 빙글
사진 강미승

발행인 이상언
제작책임 노재현
편집장 이정아
에디터 주소은
디자인 [★]규
마케팅 오정일 김동현 김훈일 한아름

발행처 중앙일보플러스(주)
주소 (04517) 서울시 중구 통일로 92 에이스타워 4층
등록 2007년 2월 13일 제2-4561호
판매 (02) 6416-3917
제작 (02) 6416-3957
홈페이지 www.joongangbooks.co.kr
페이스북 www.facebook.com/hellojbooks

ⓒ 대학내일20대연구소, 2016

ISBN 978-89-278-0739-1 03320